AF441077

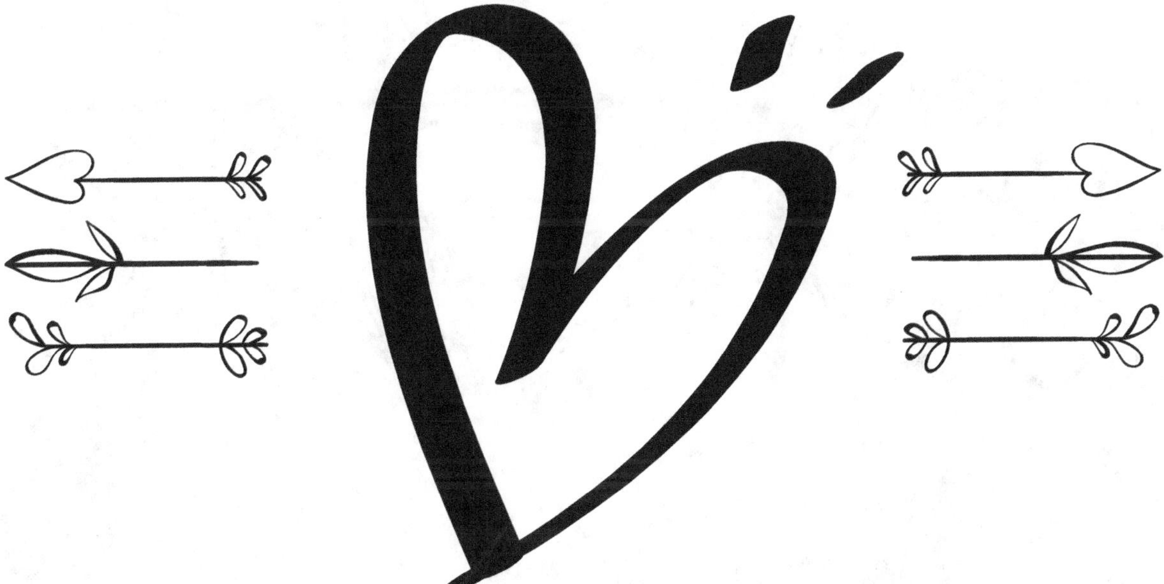
Questo Libro
Appartient à

TESCHI DI ZUCCHERO LIBRO DA COLORARE

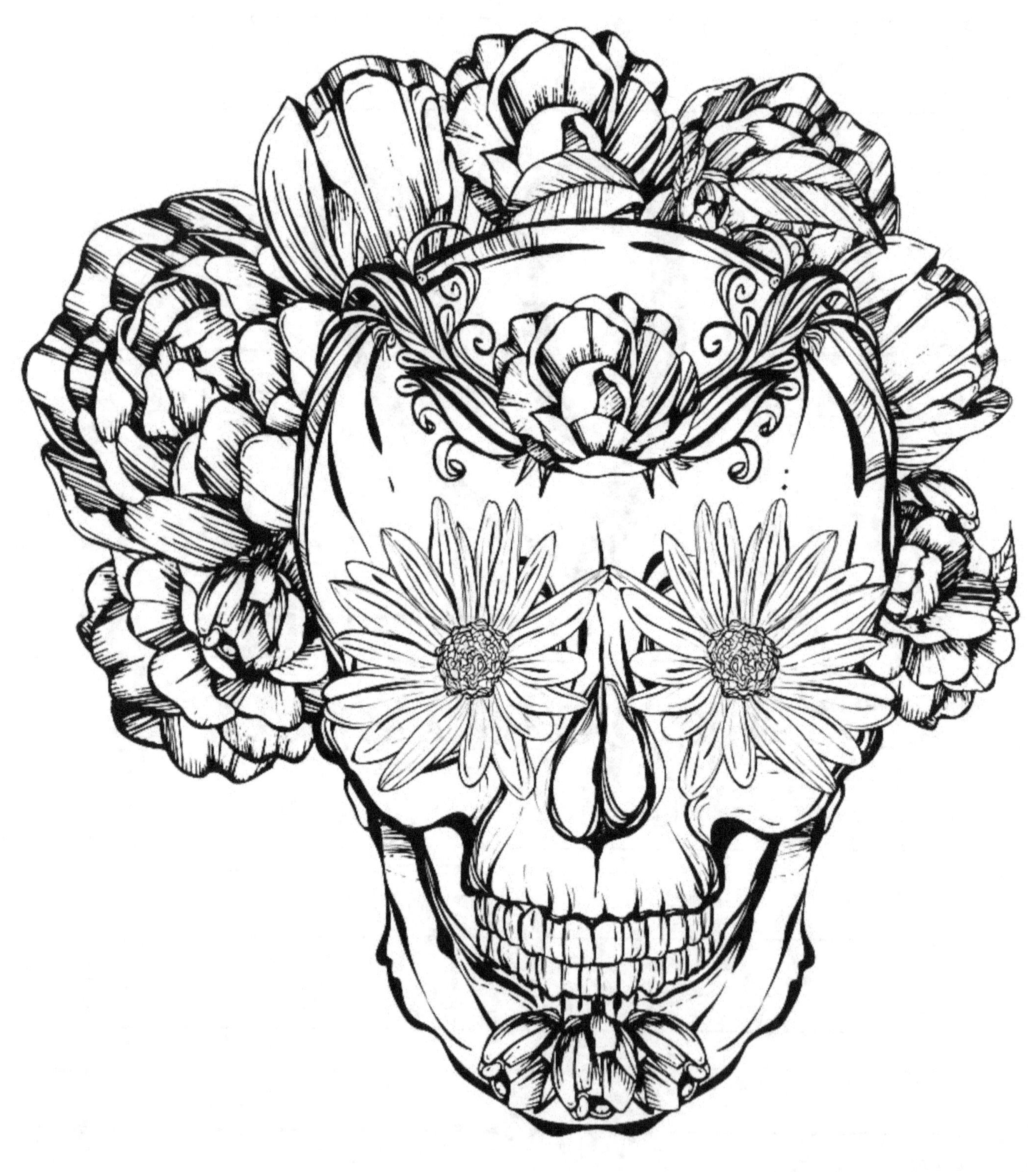

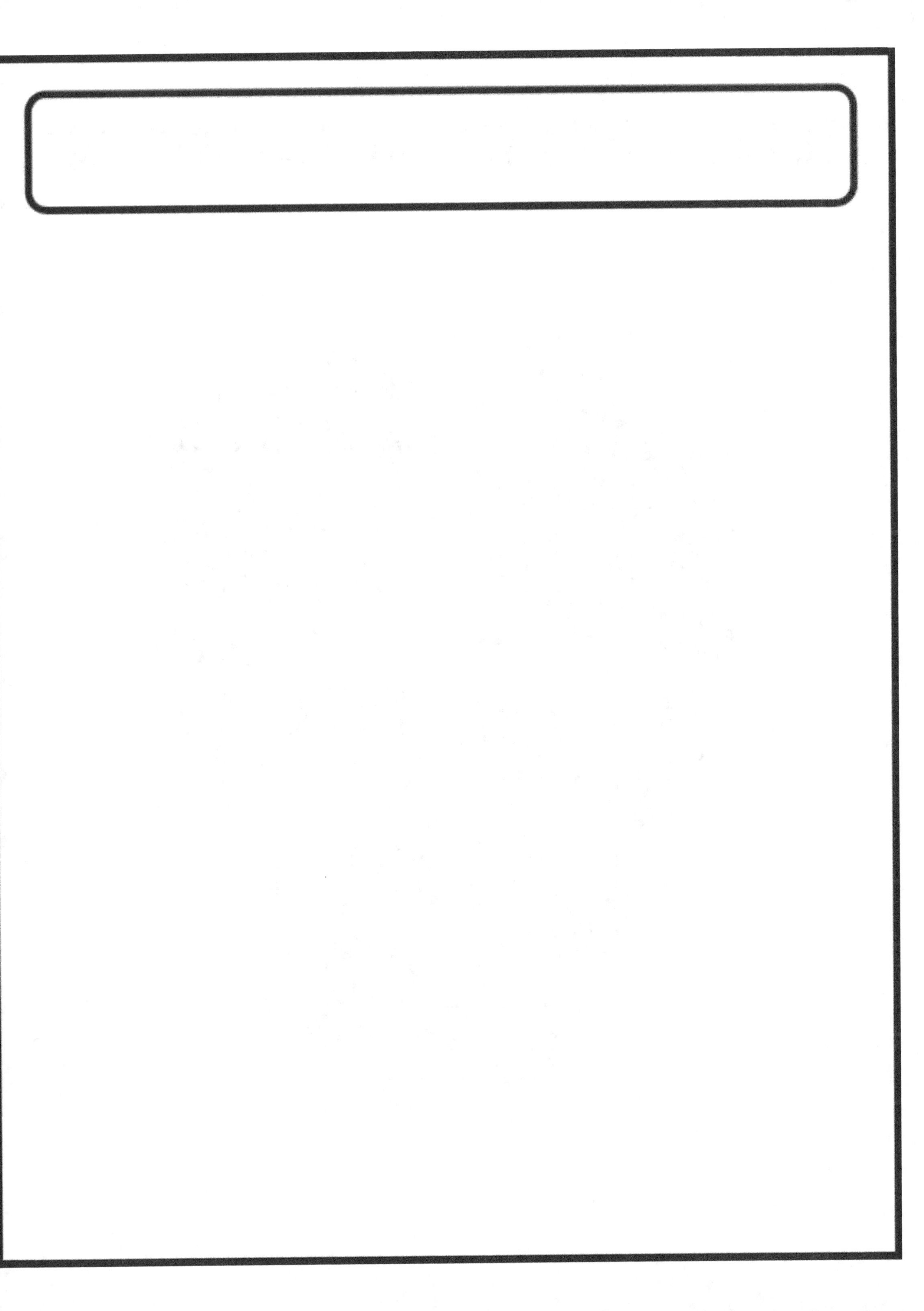

TESCHI DI ZUCCHERO LIBRO DA COLORARE

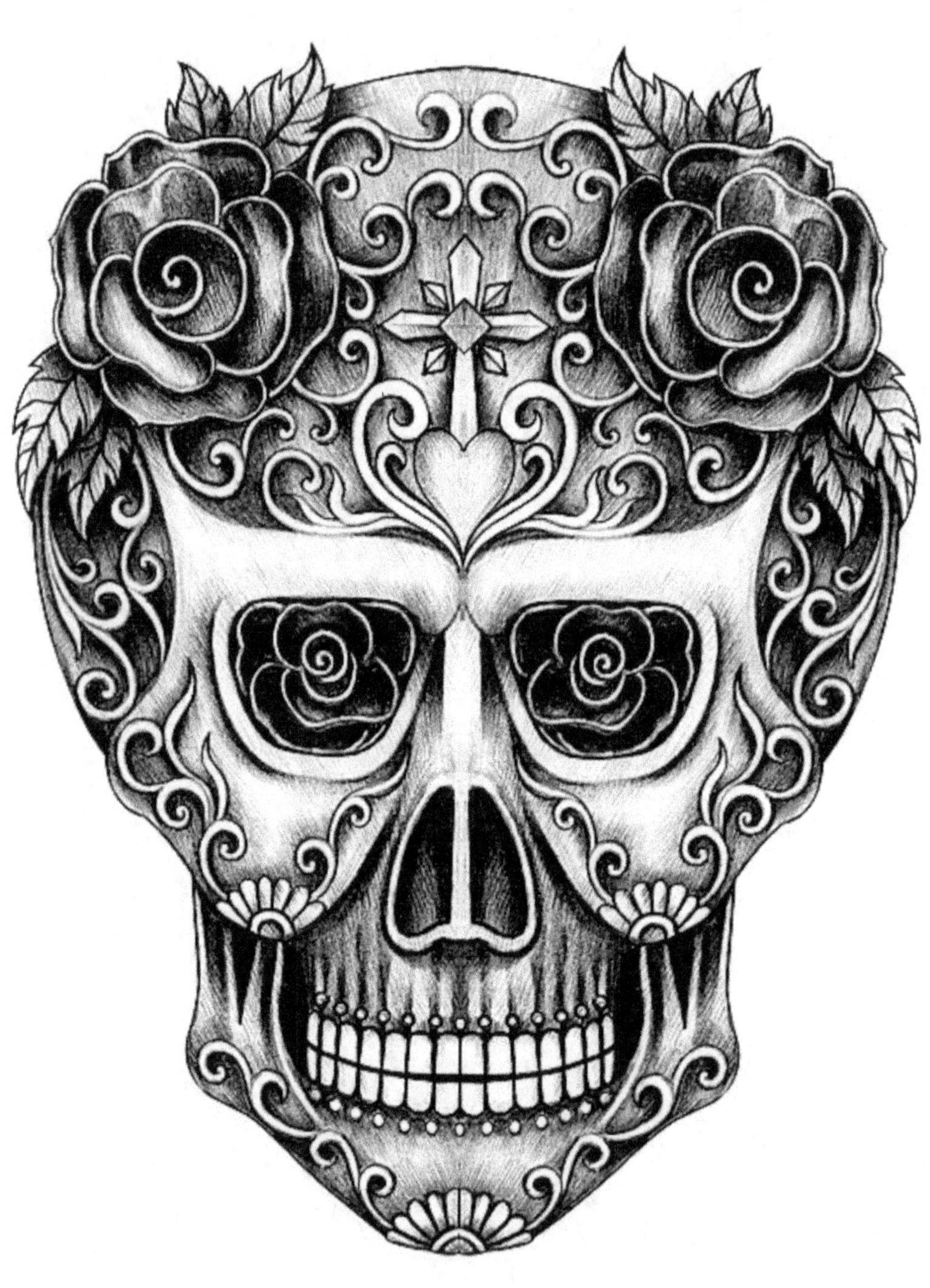

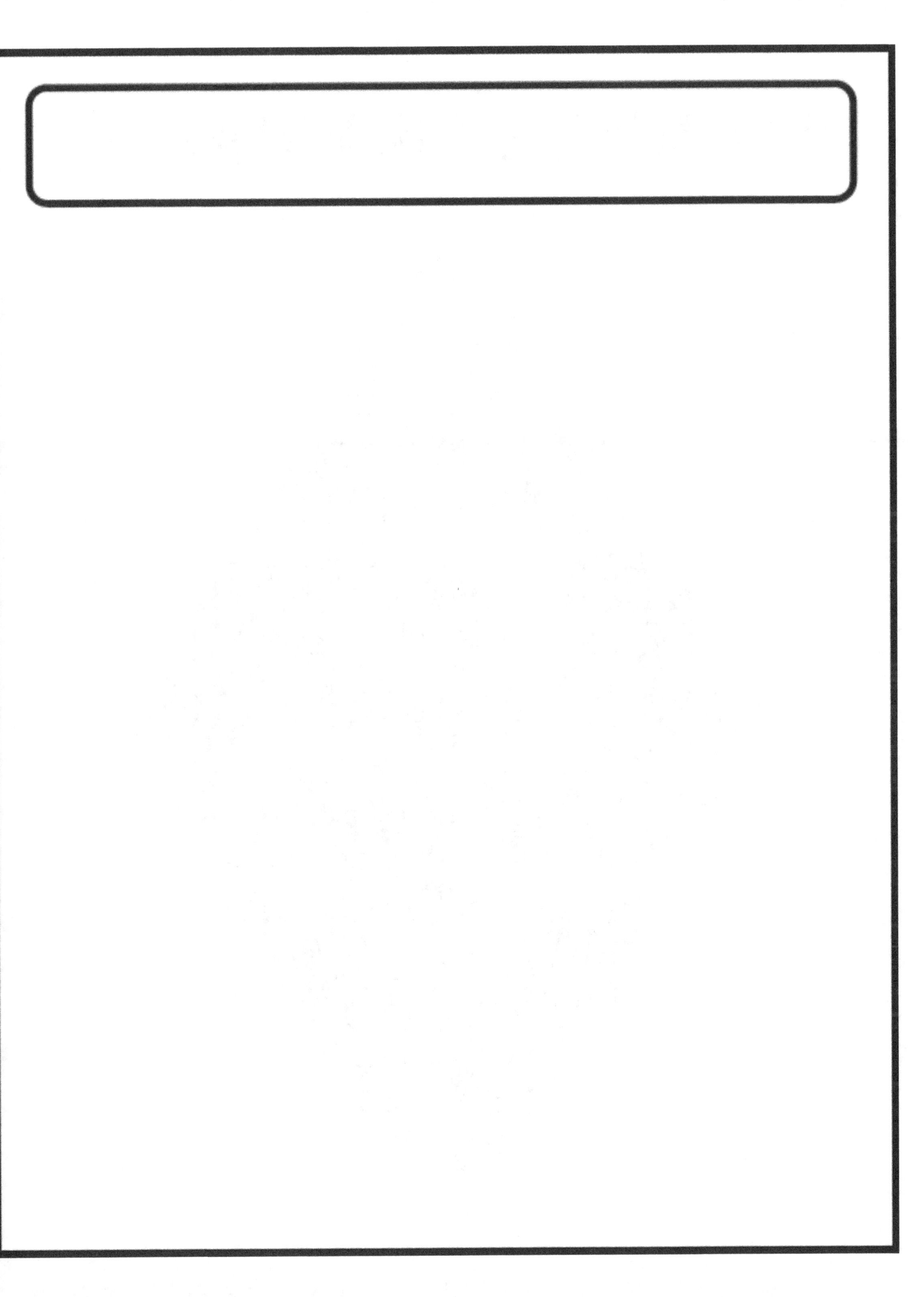

TESCHI DI ZUCCHERO LIBRO DA COLORARE

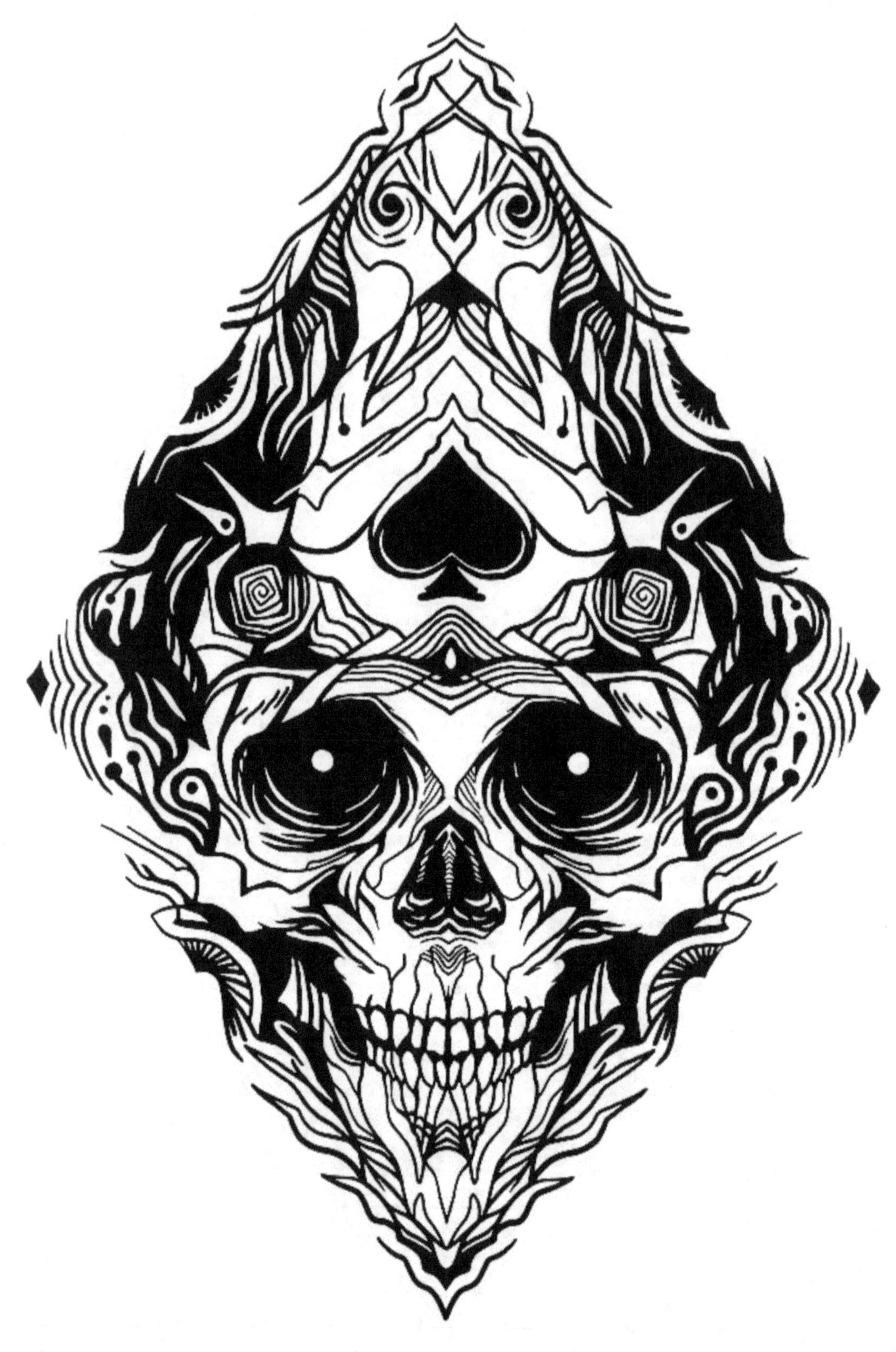

TESCHI DI ZUCCHERO LIBRO DA COLORARE

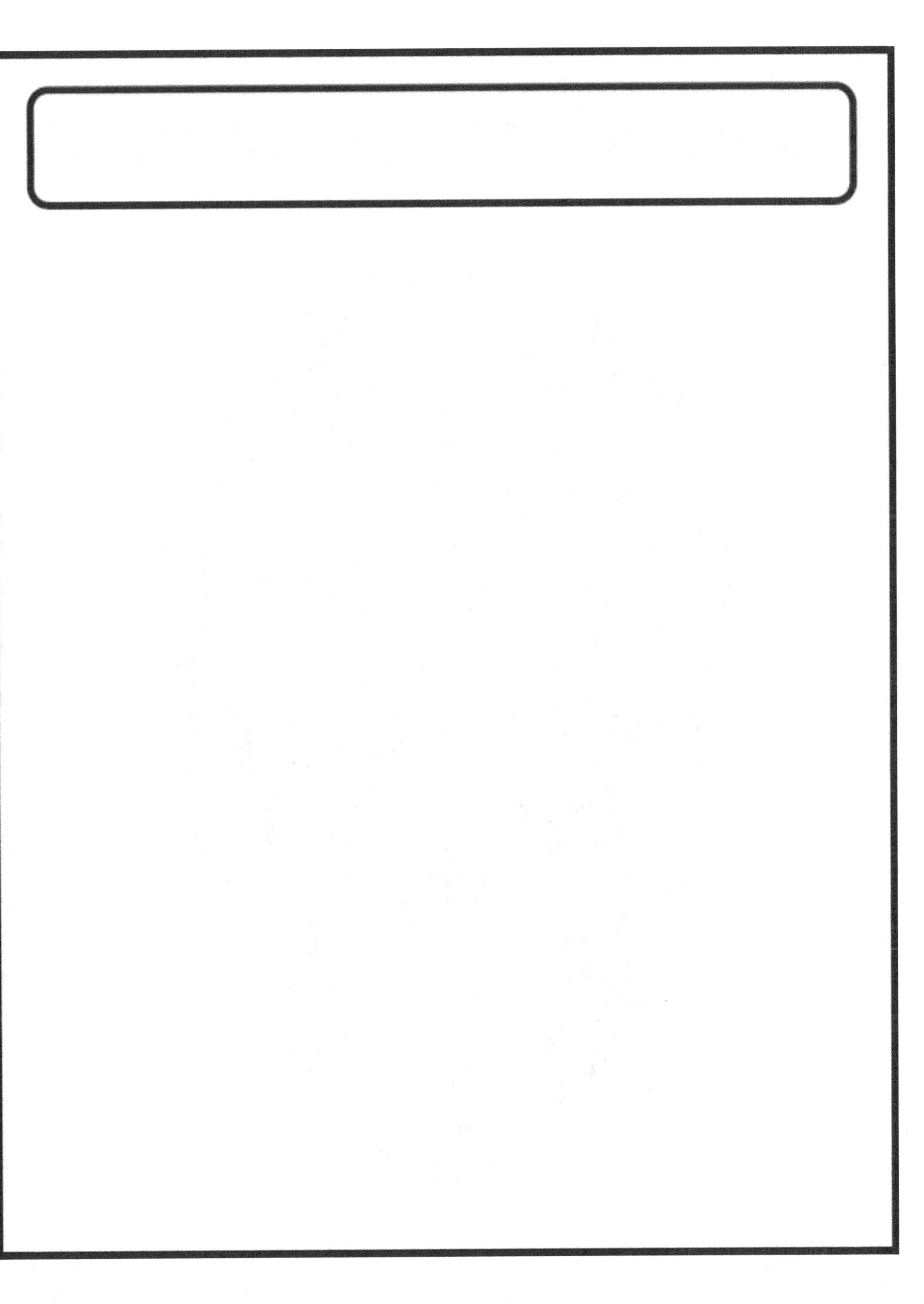

TESCHI DI ZUCCHERO LIBRO DA COLORARE

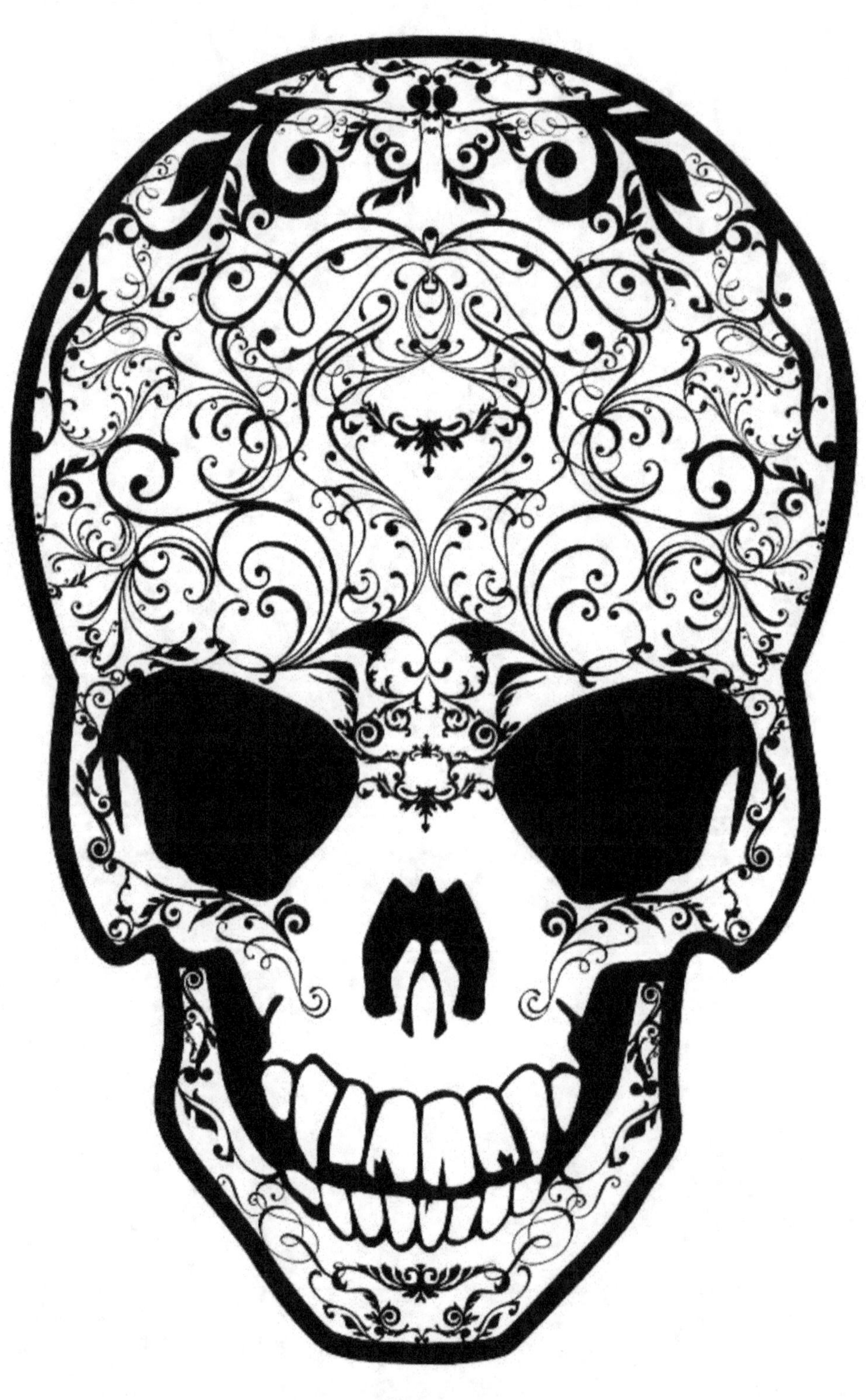

TESCHI DI ZUCCHERO LIBRO DA COLORARE

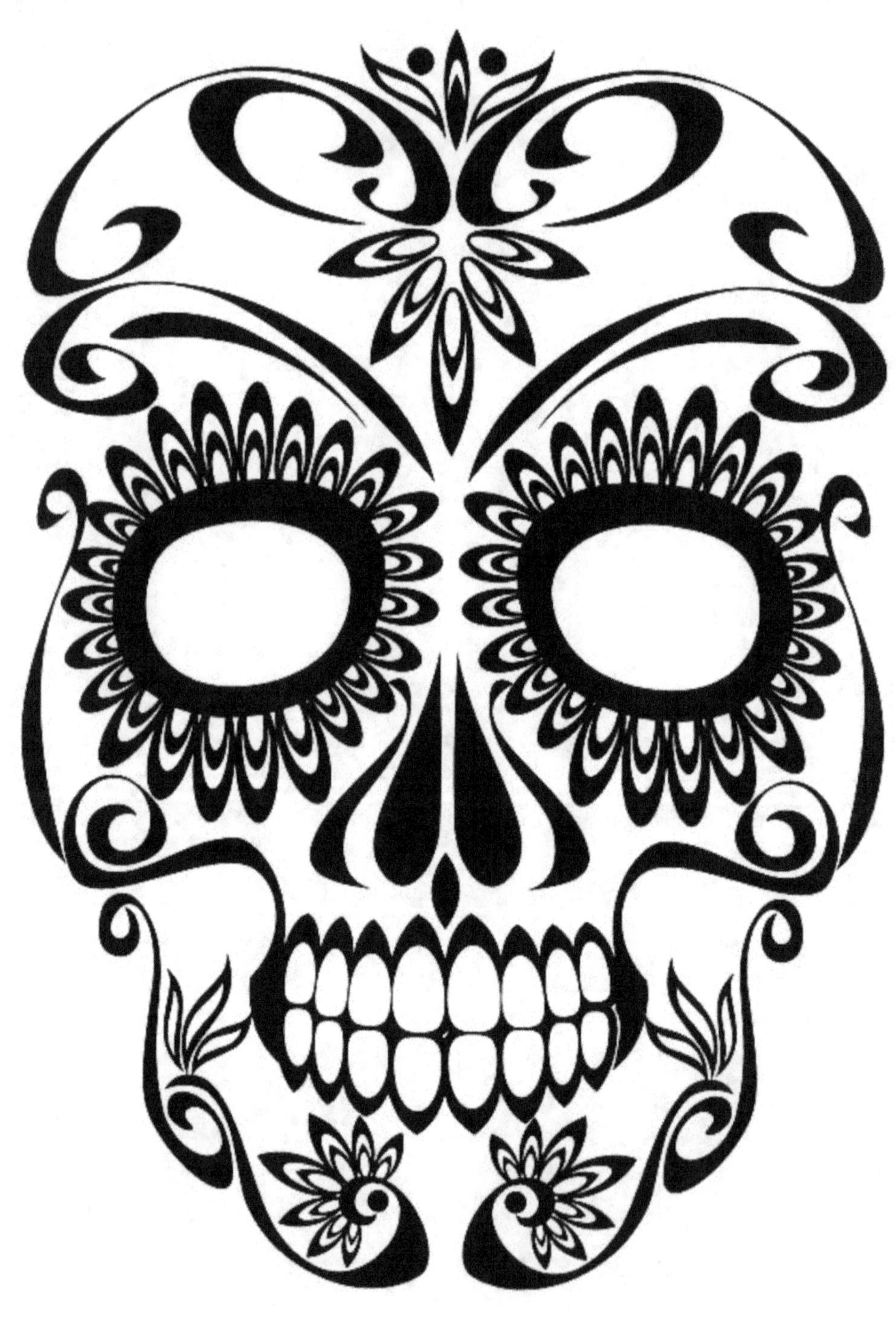

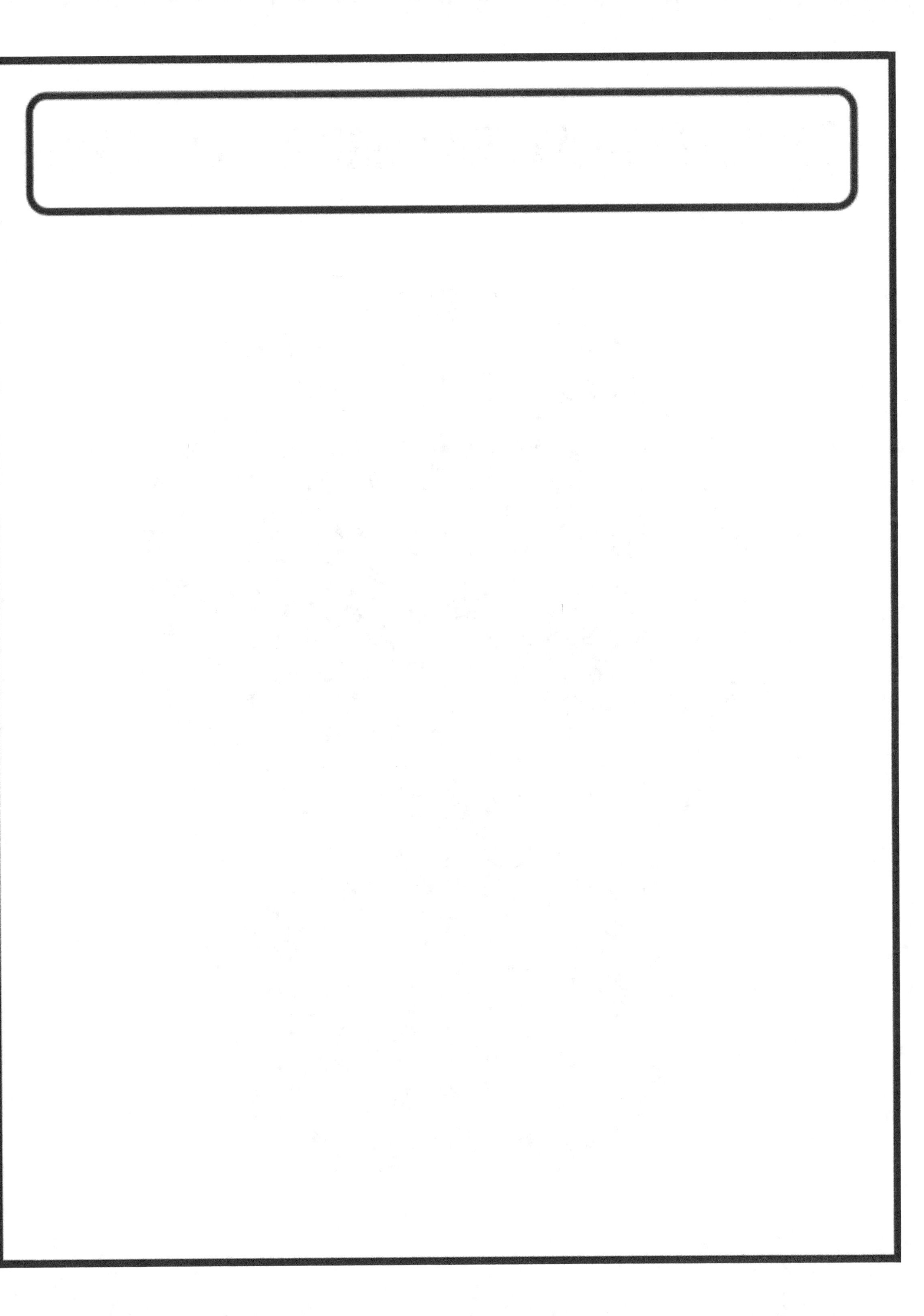

TESCHI DI ZUCCHERO LIBRO DA COLORARE

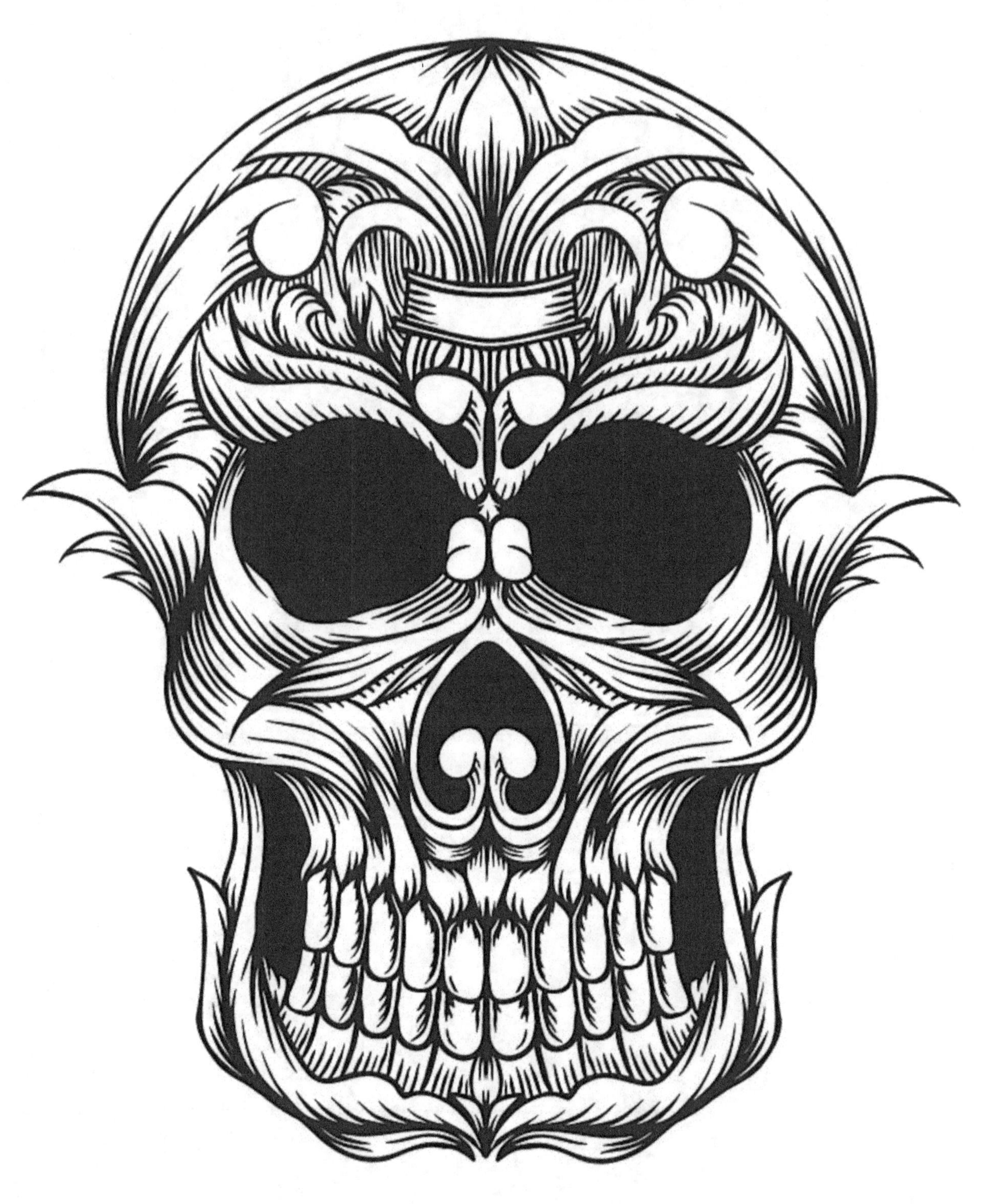

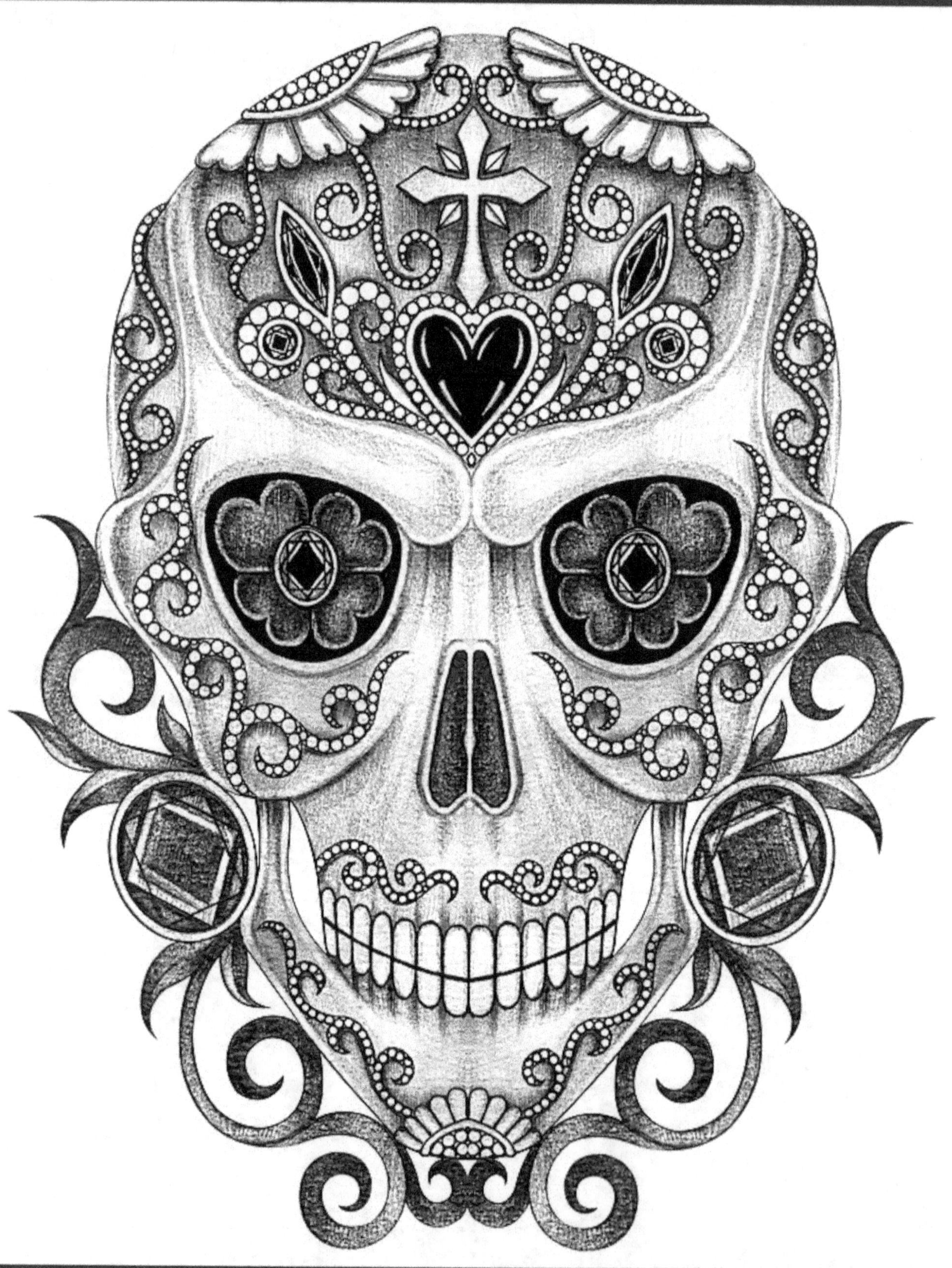

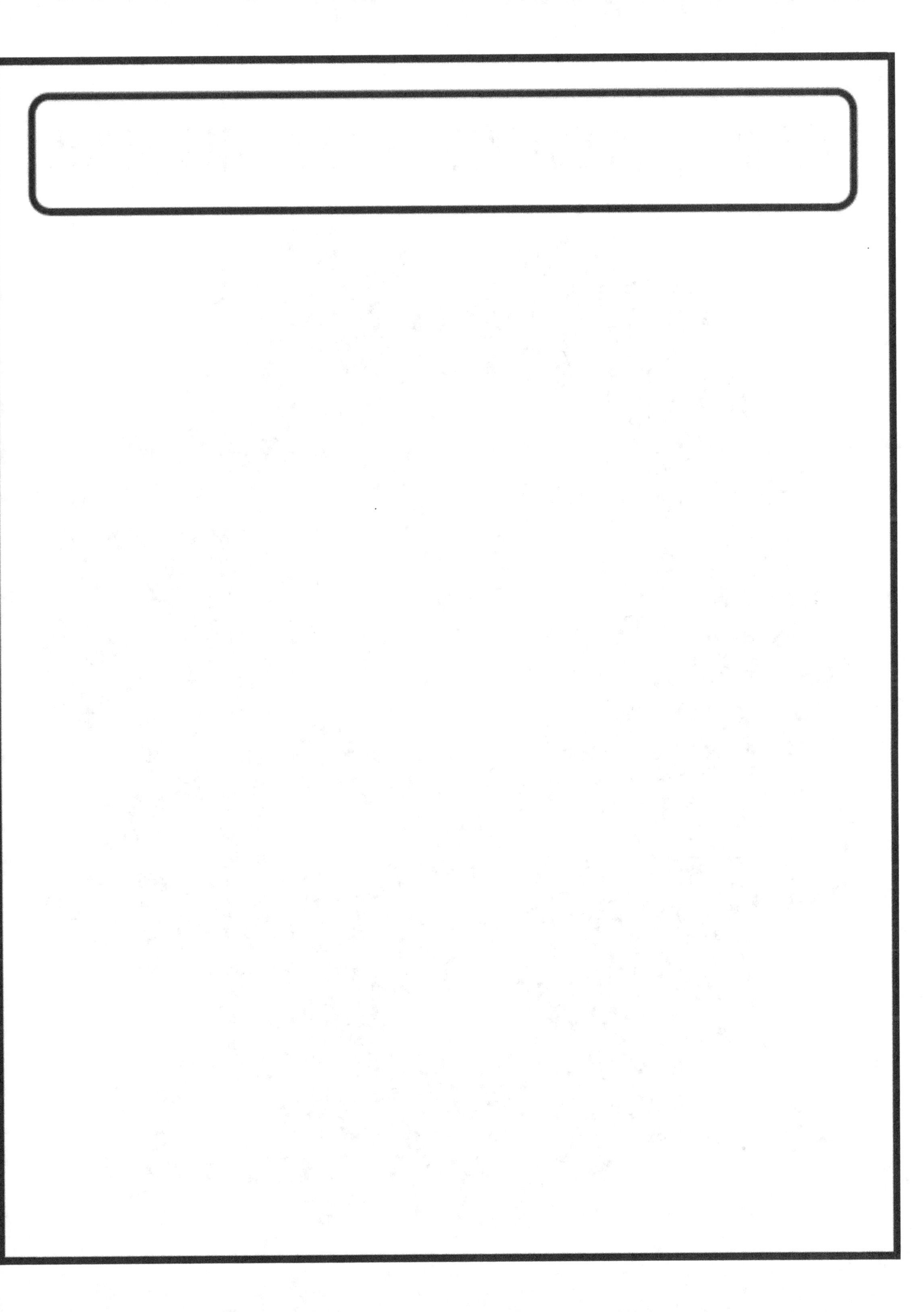

TESCHI DI ZUCCHERO LIBRO DA COLORARE

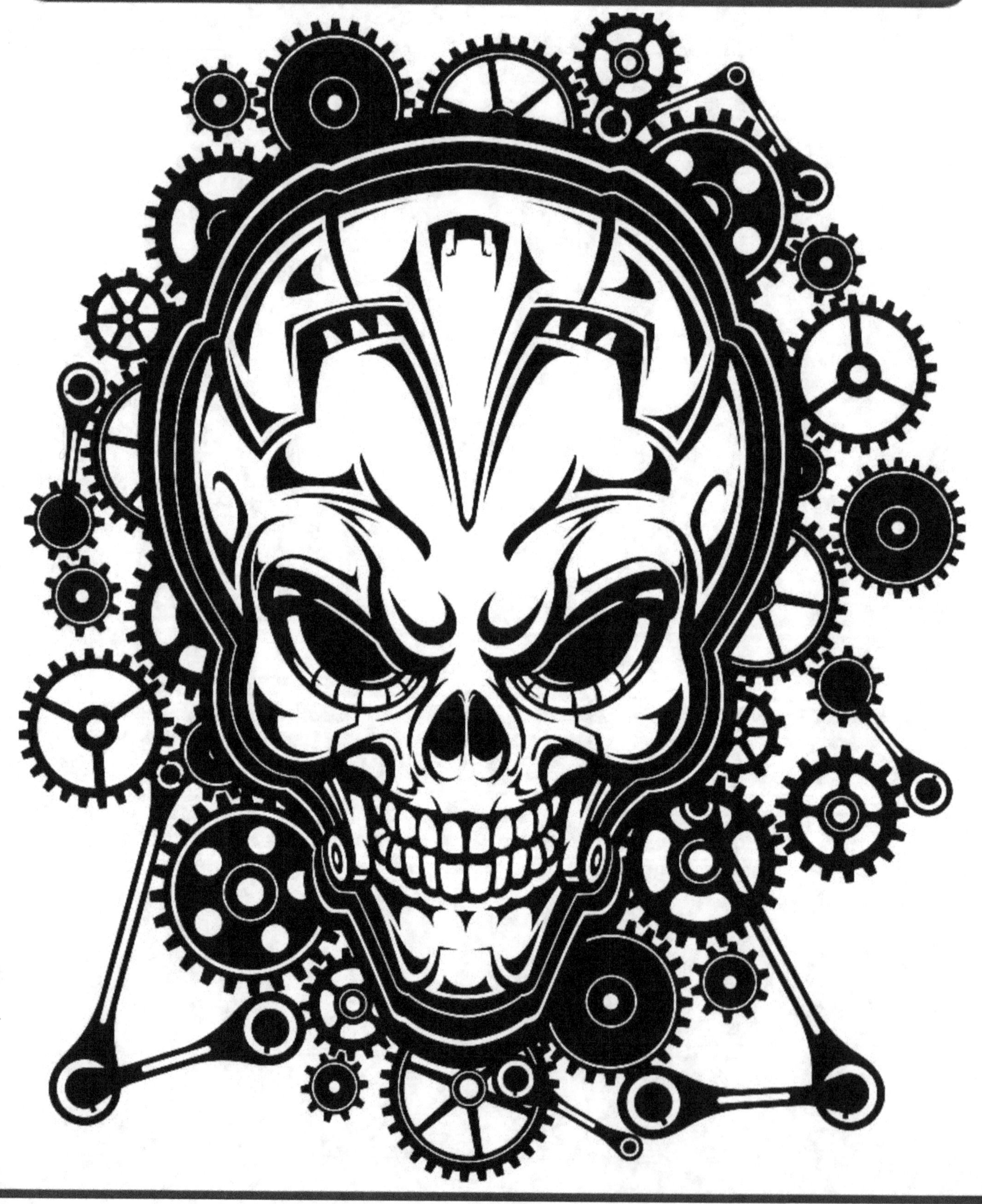

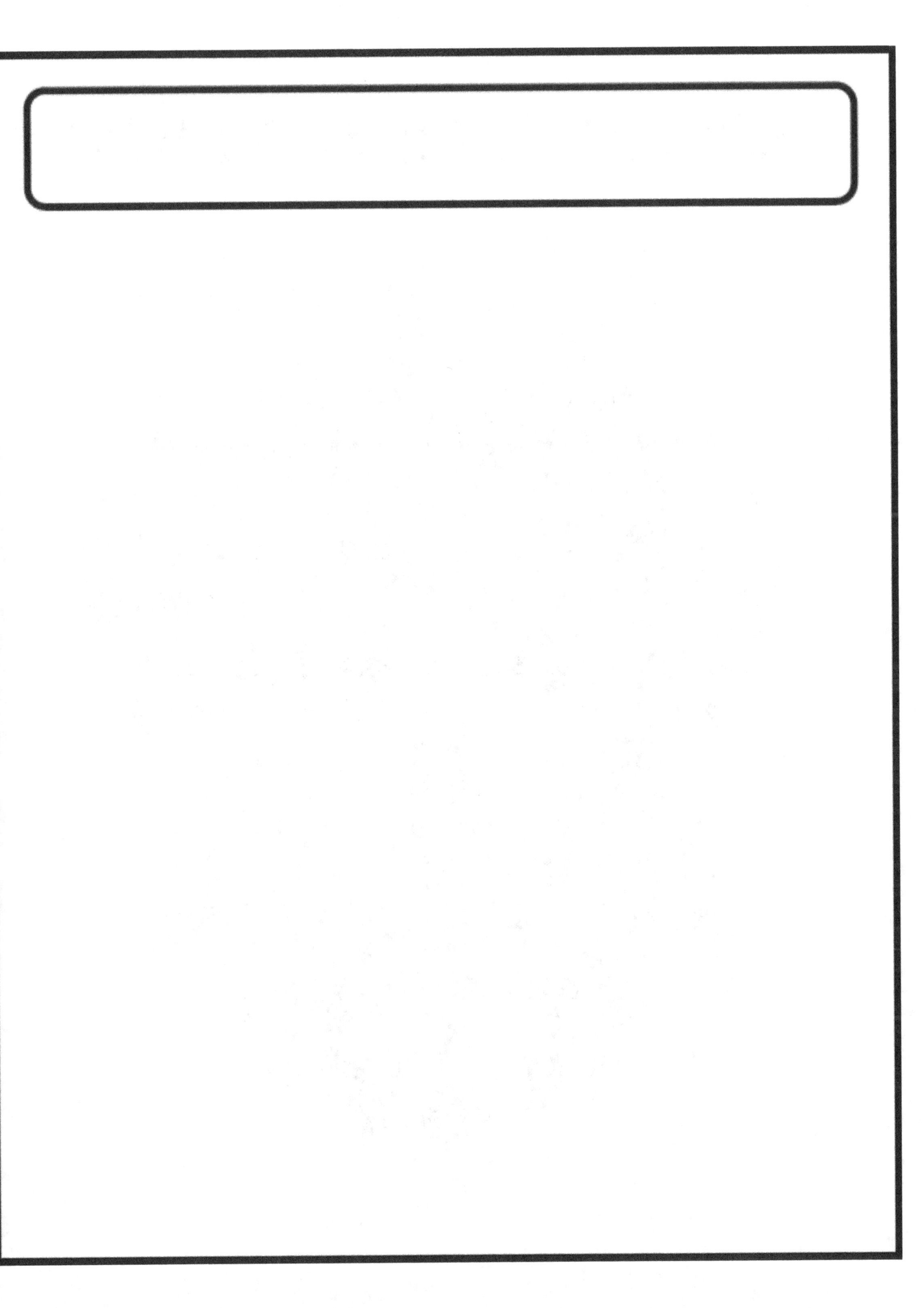

TESCHI DI ZUCCHERO LIBRO DA COLORARE

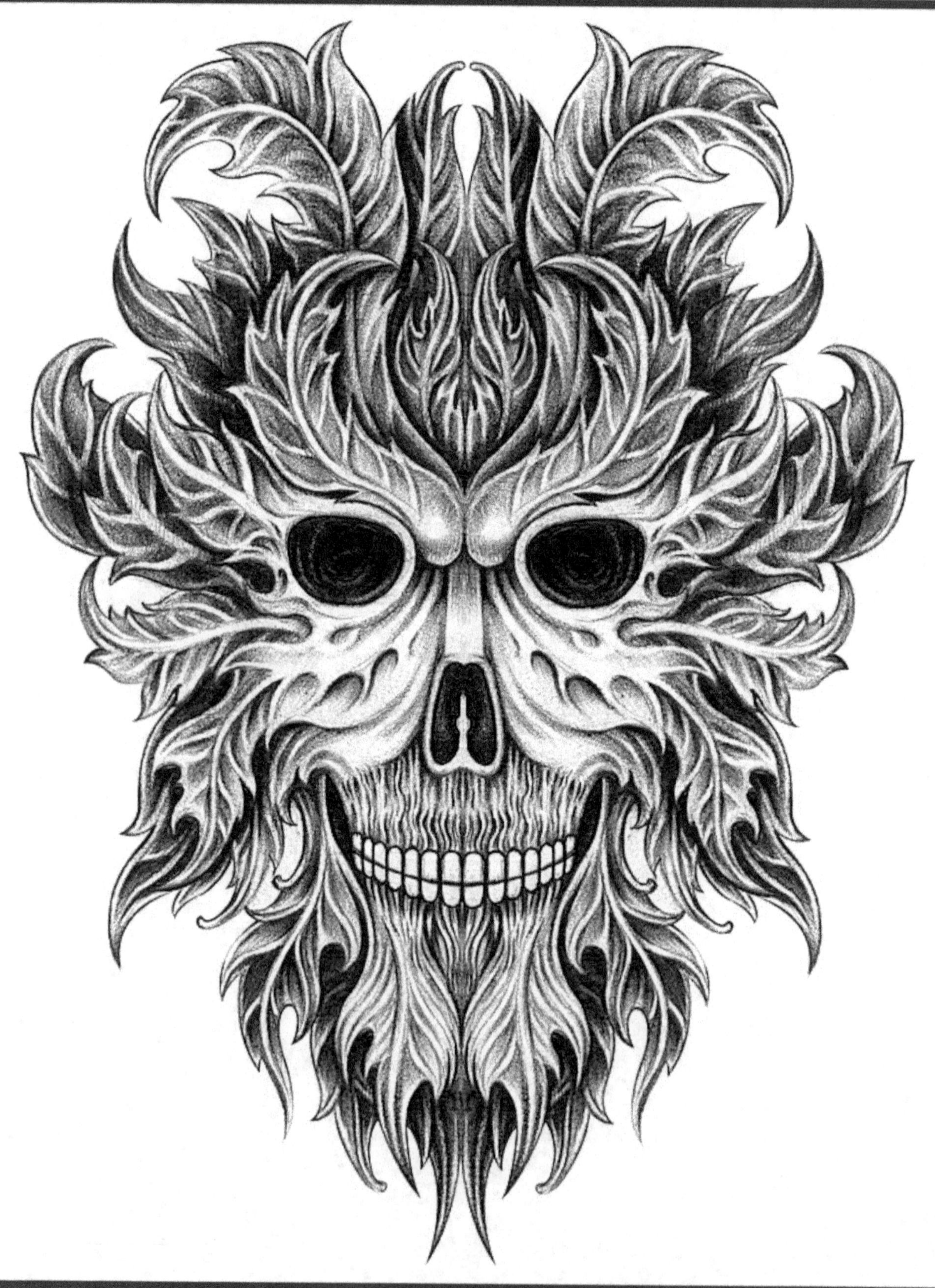

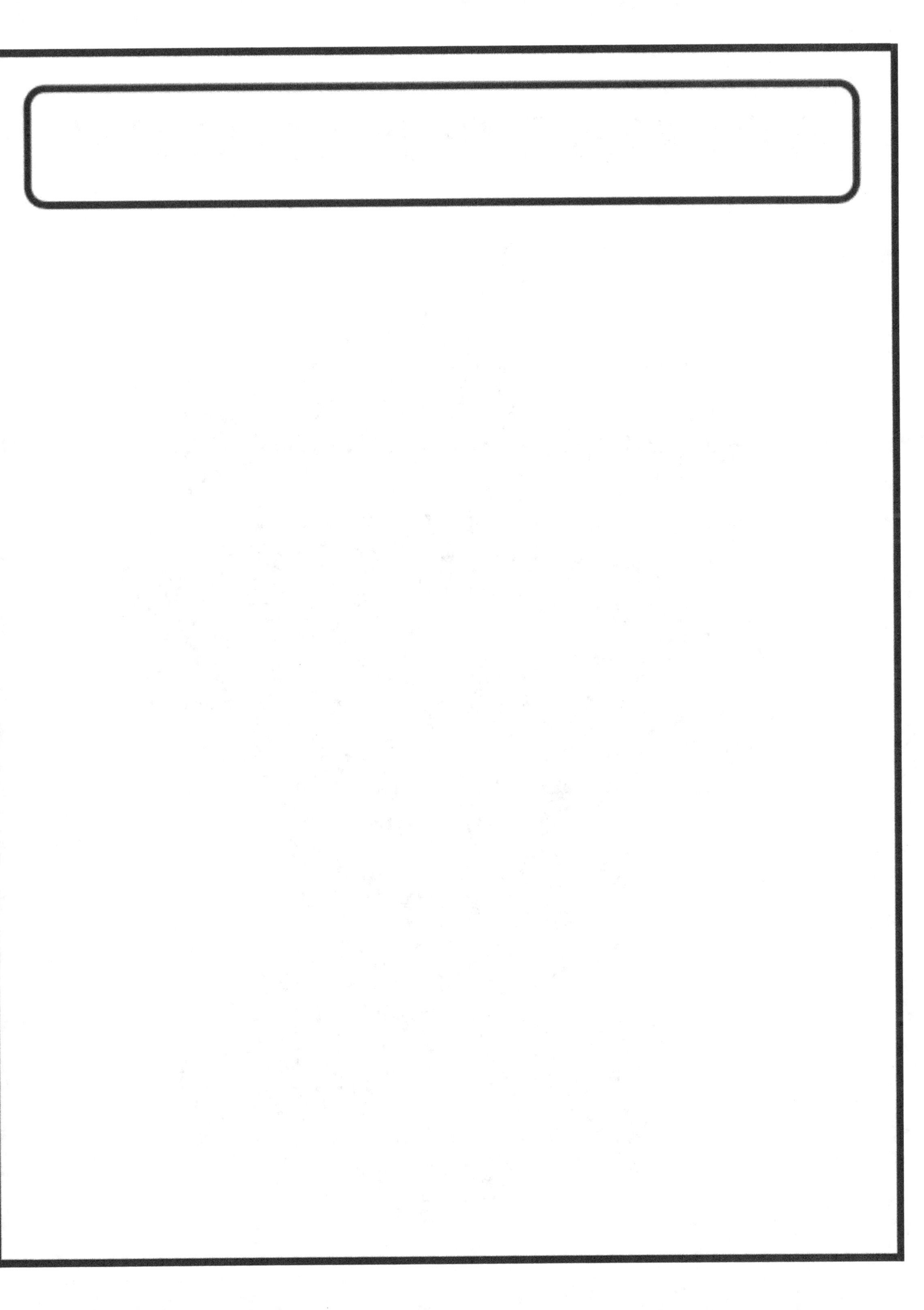

TESCHI DI ZUCCHERO LIBRO DA COLORARE

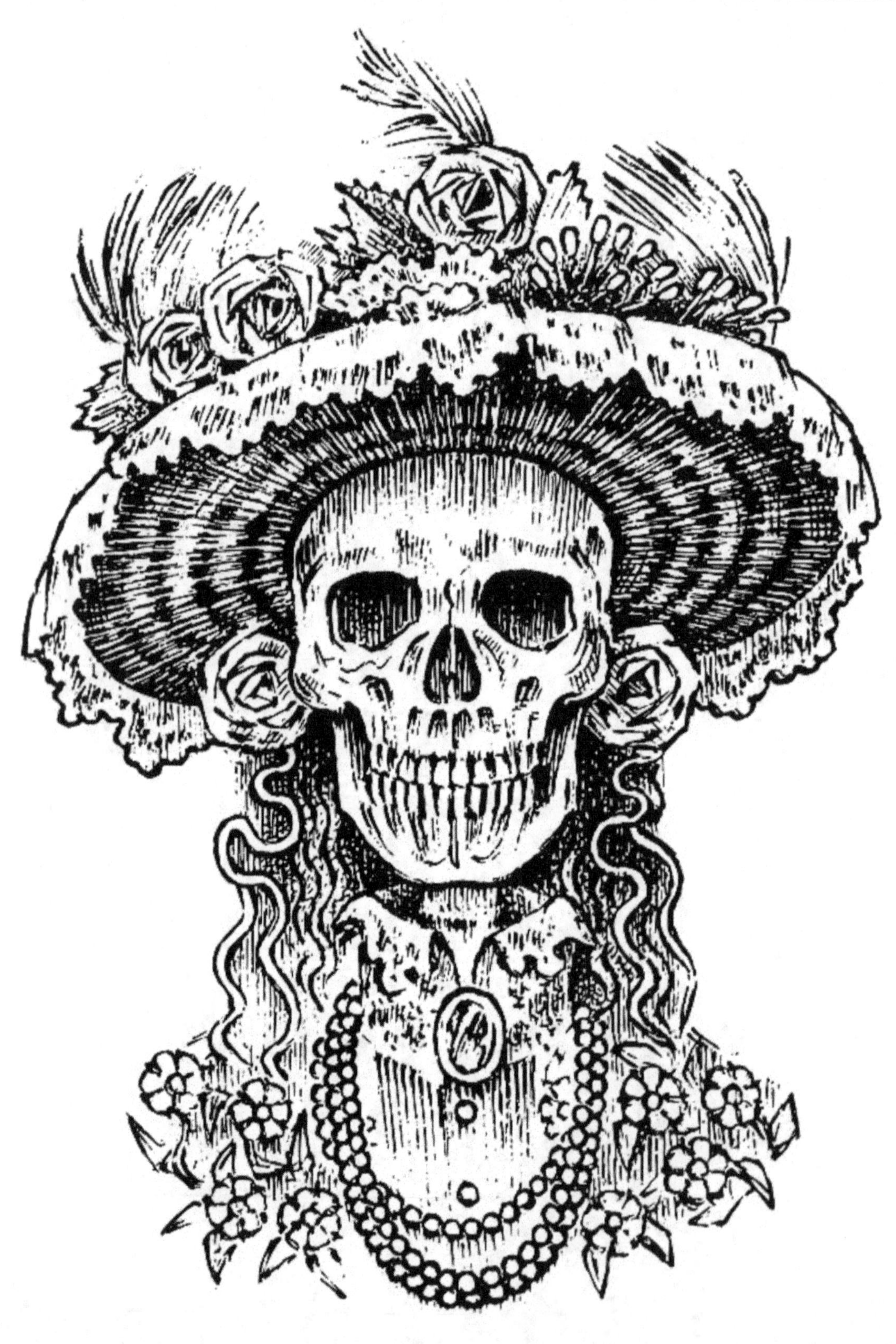

TESCHI DI ZUCCHERO LIBRO DA COLORARE

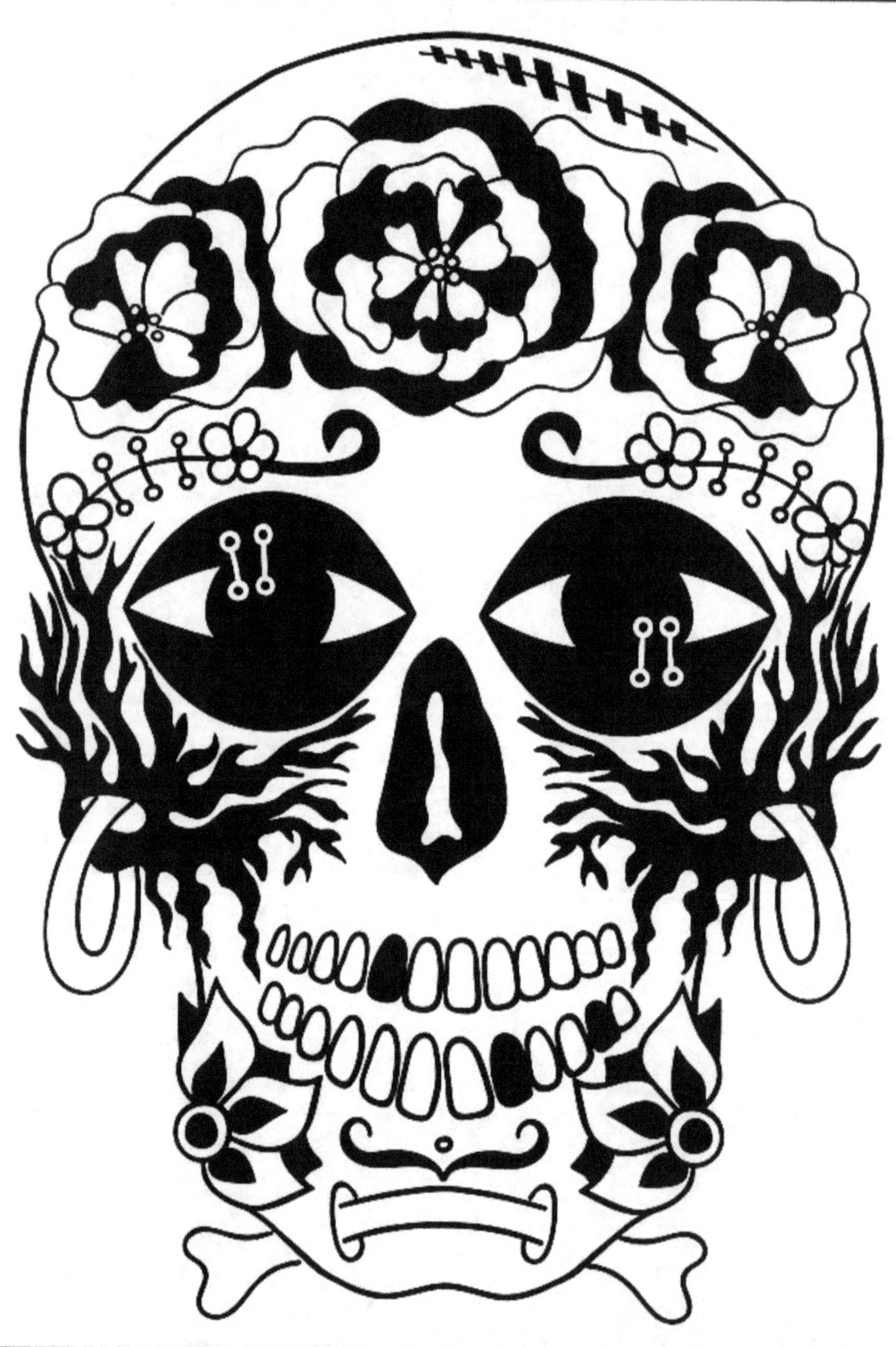

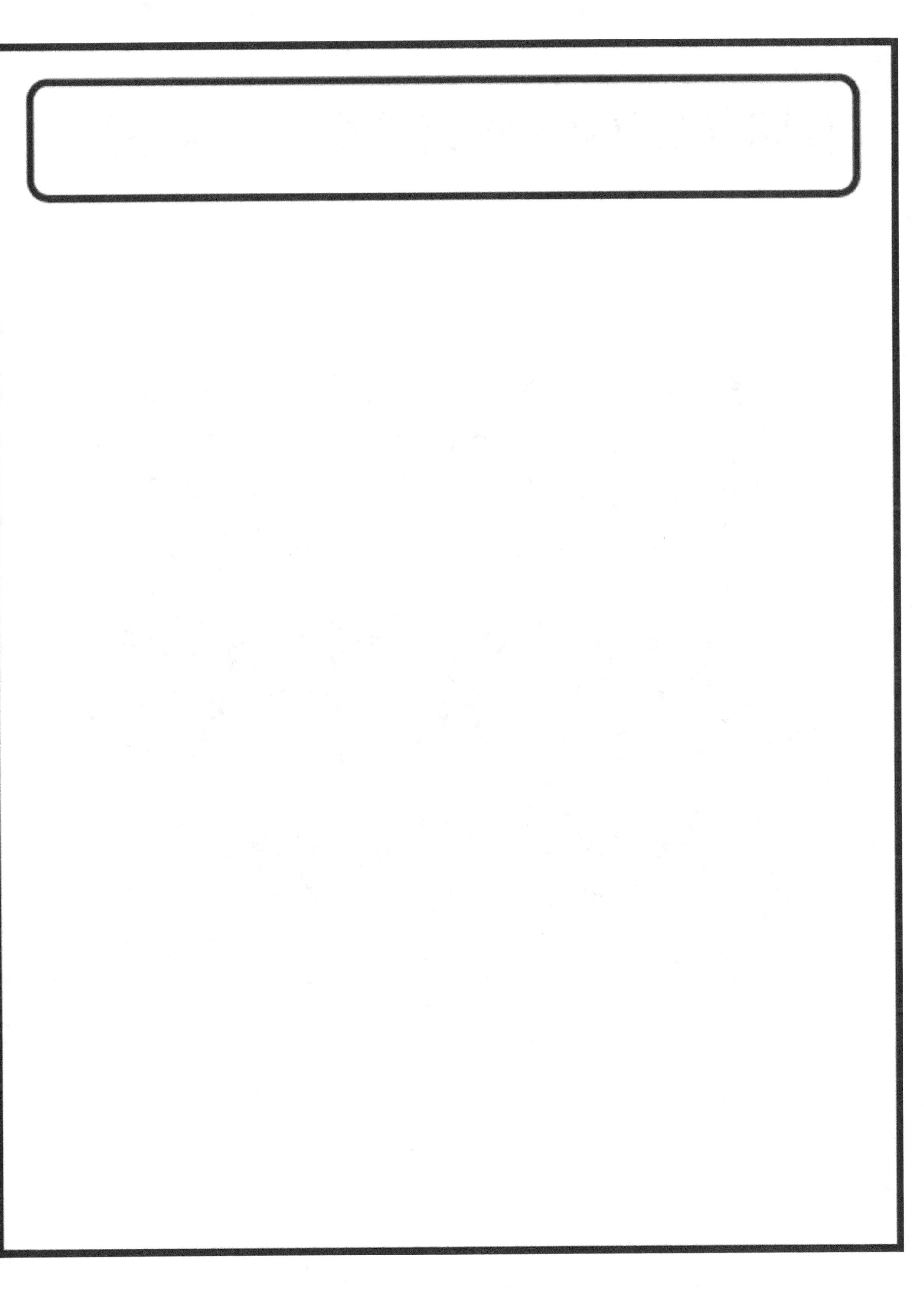

TESCHI DI ZUCCHERO LIBRO DA COLORARE

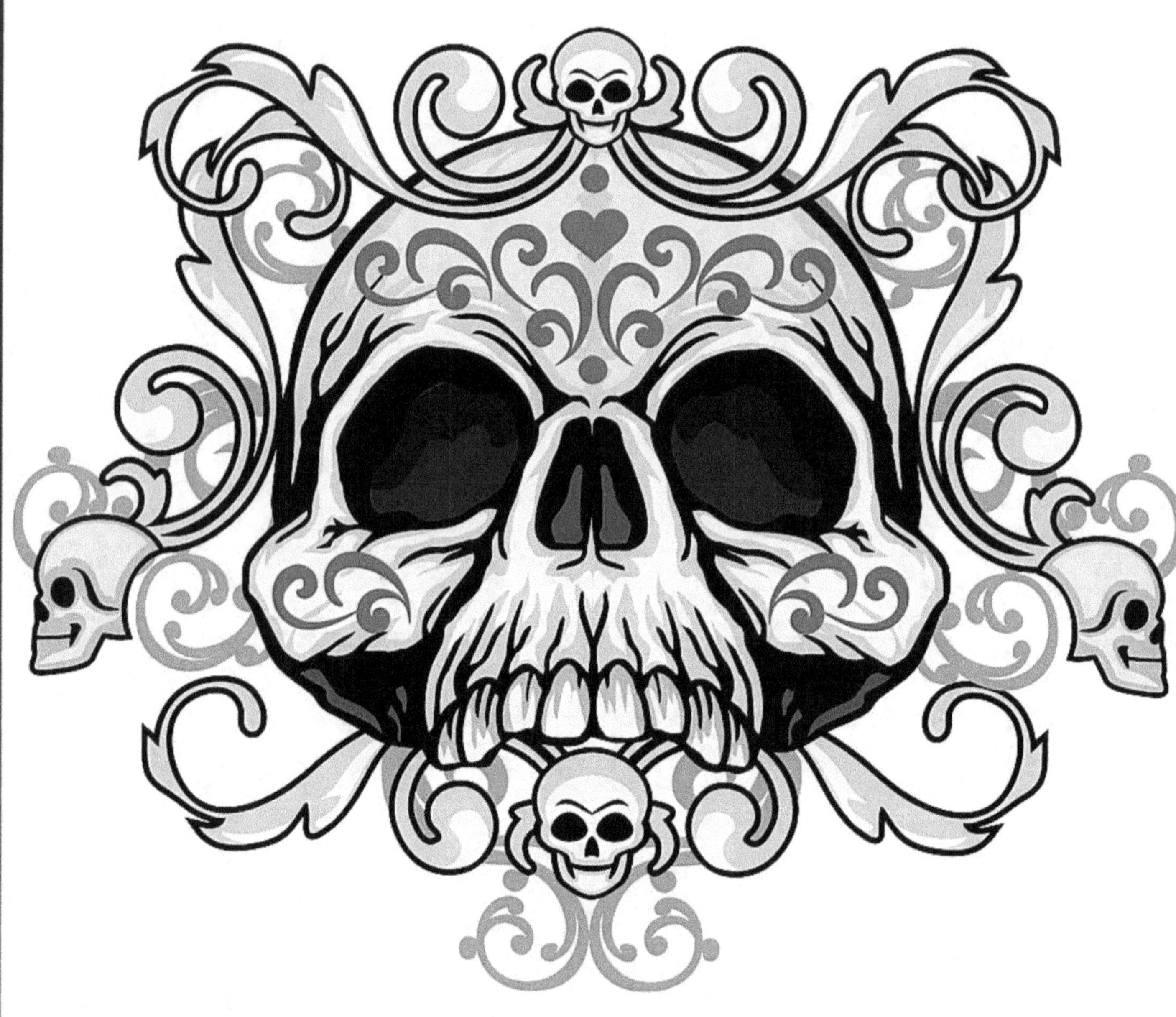

TESCHI DI ZUCCHERO LIBRO DA COLORARE

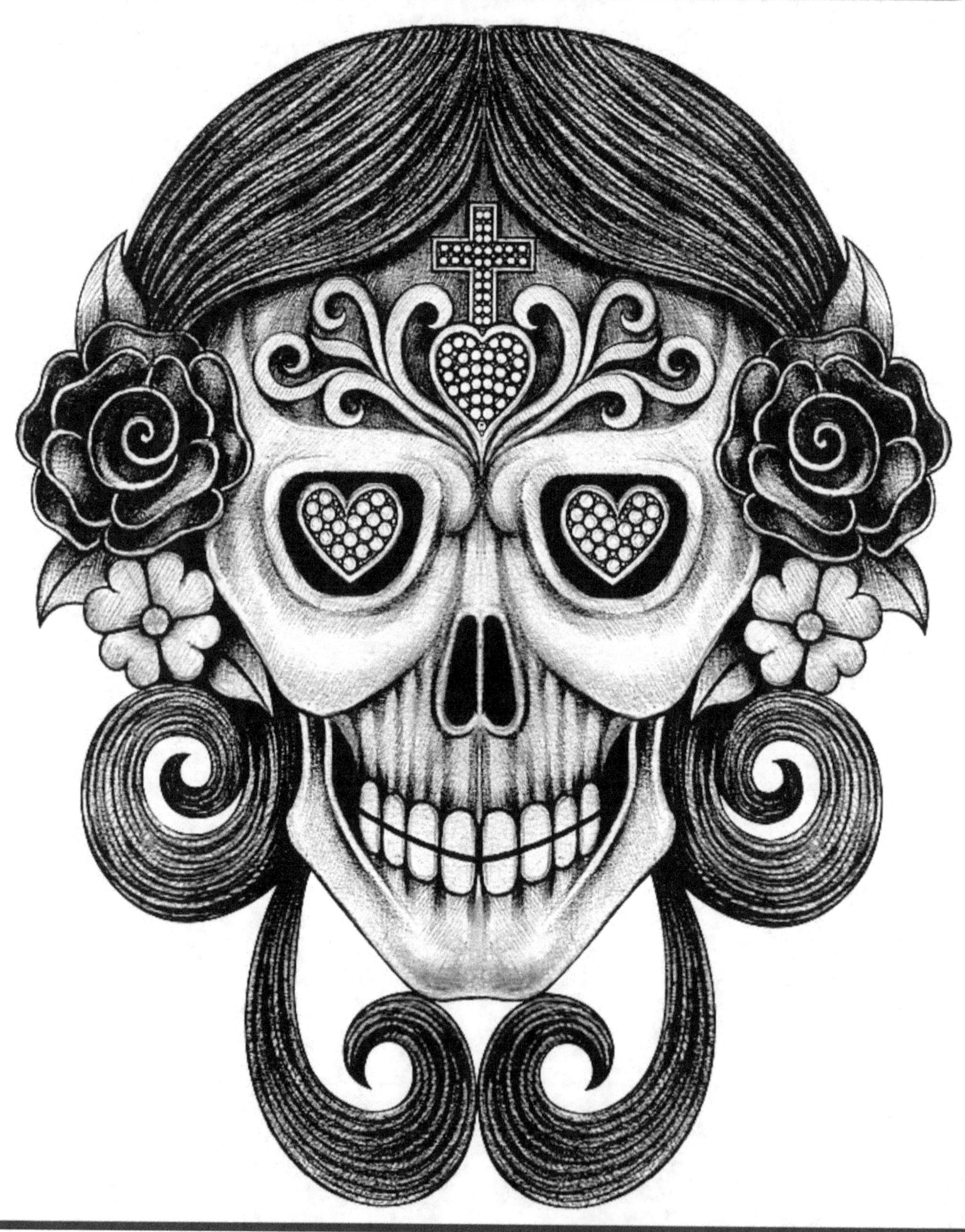

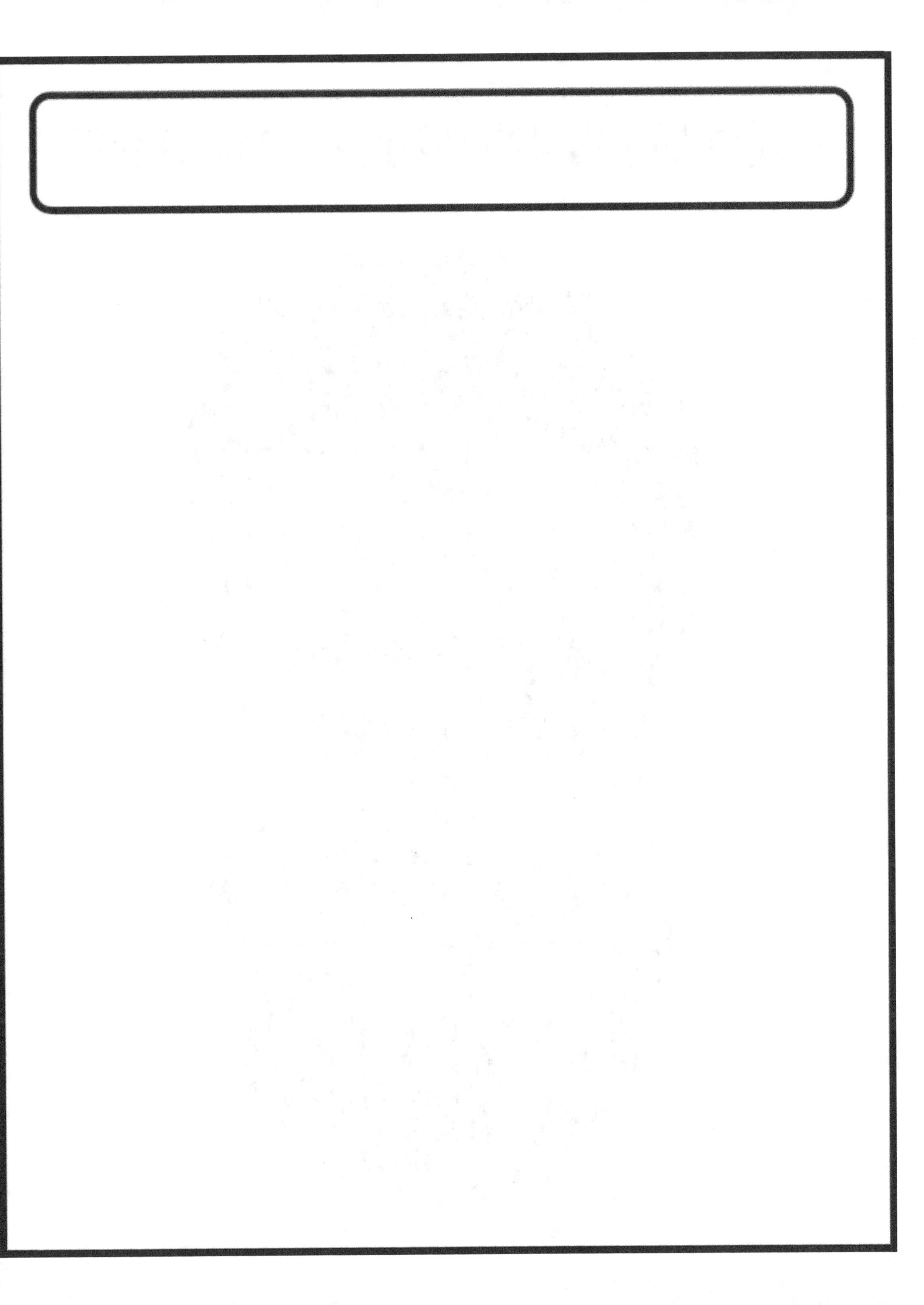

TESCHI DI ZUCCHERO LIBRO DA COLORARE

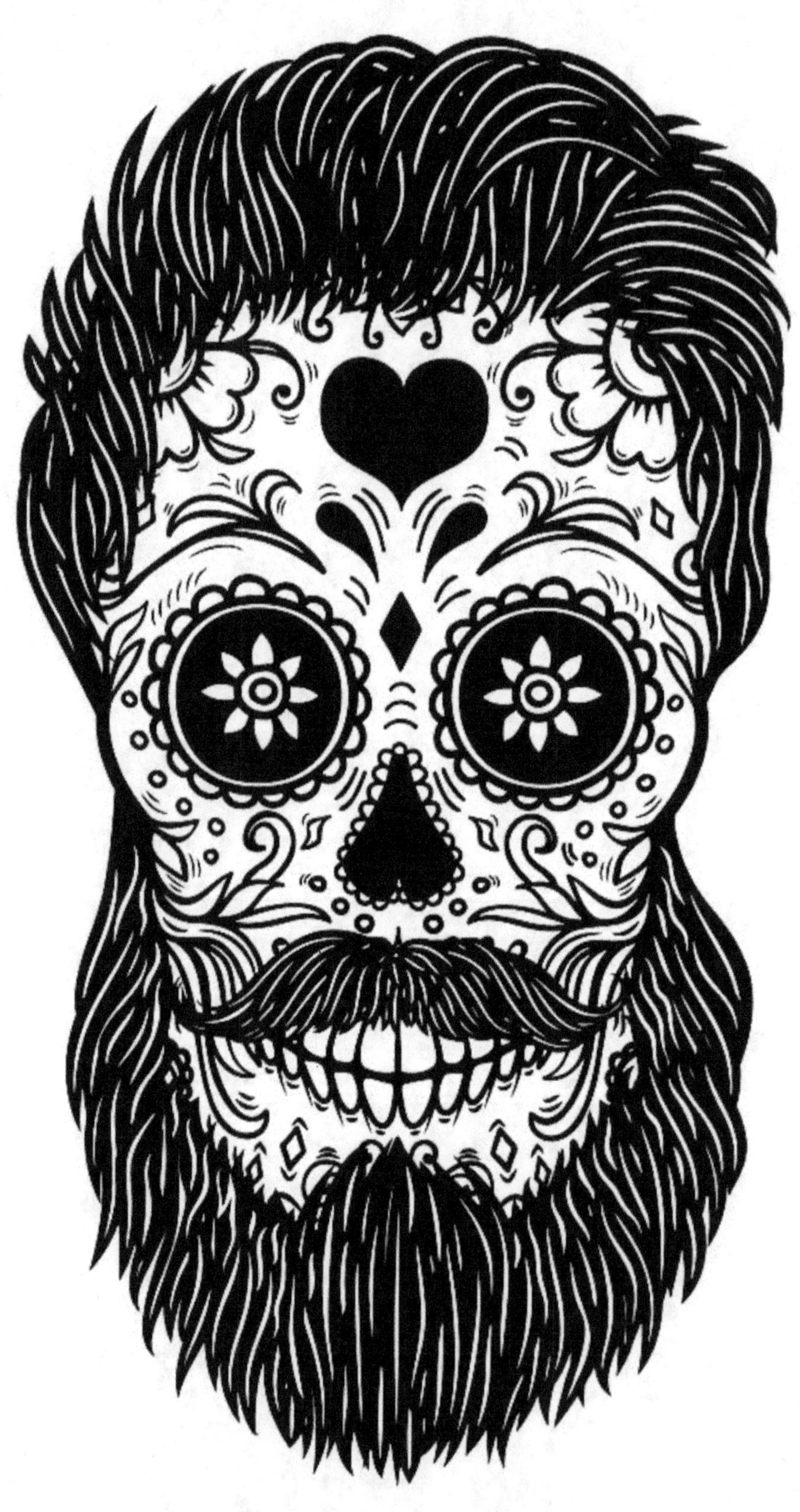

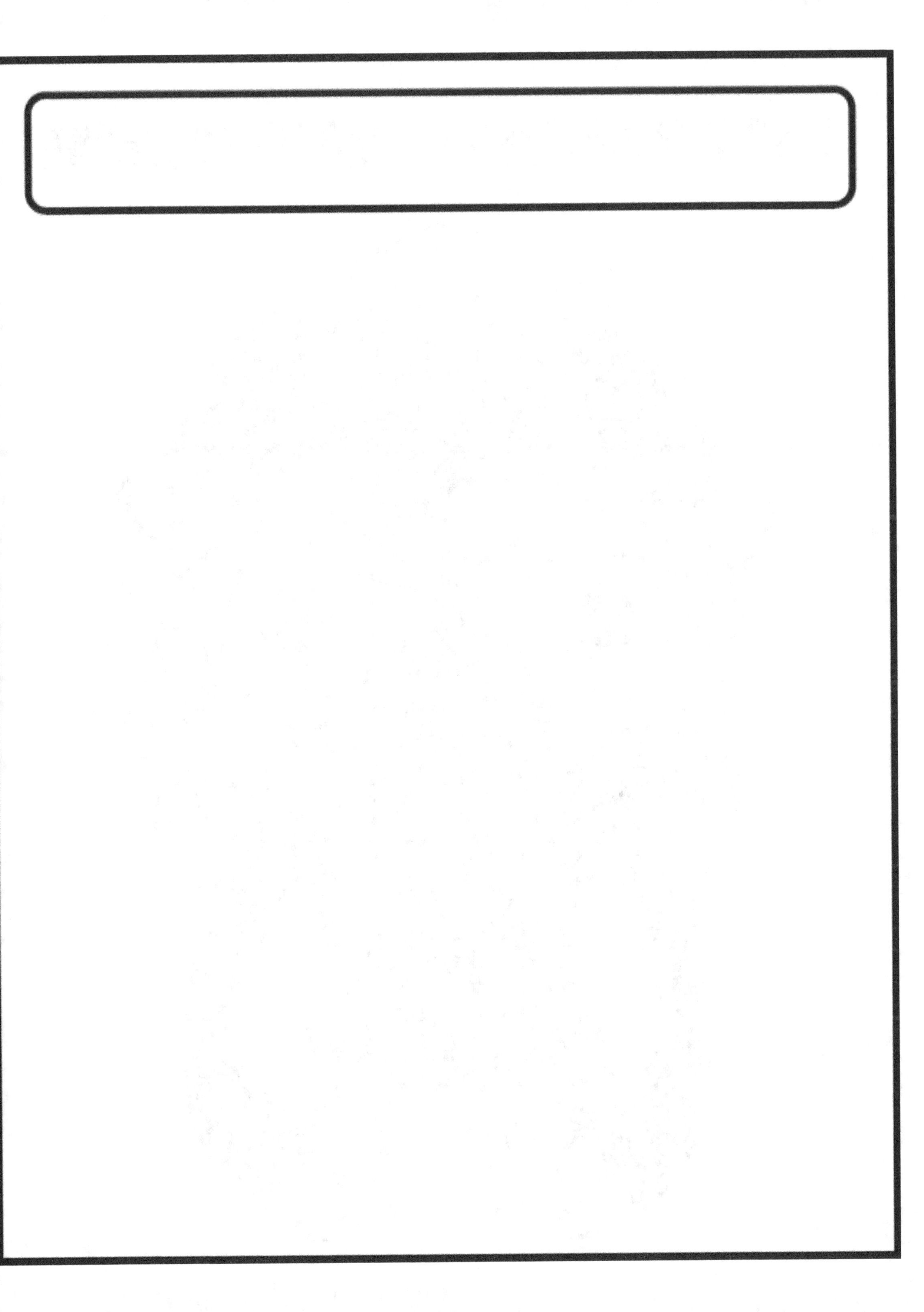

TESCHI DI ZUCCHERO LIBRO DA COLORARE

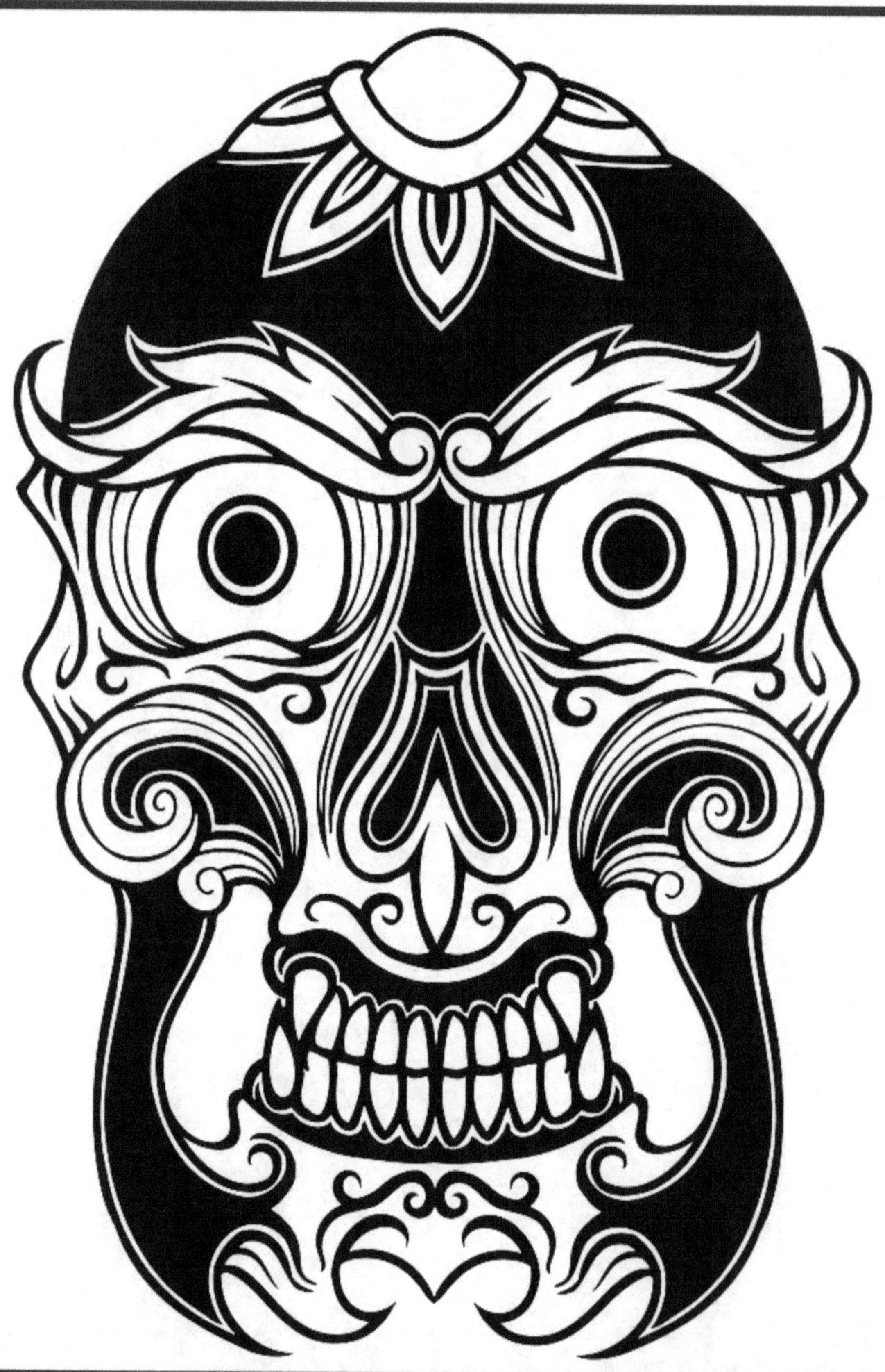

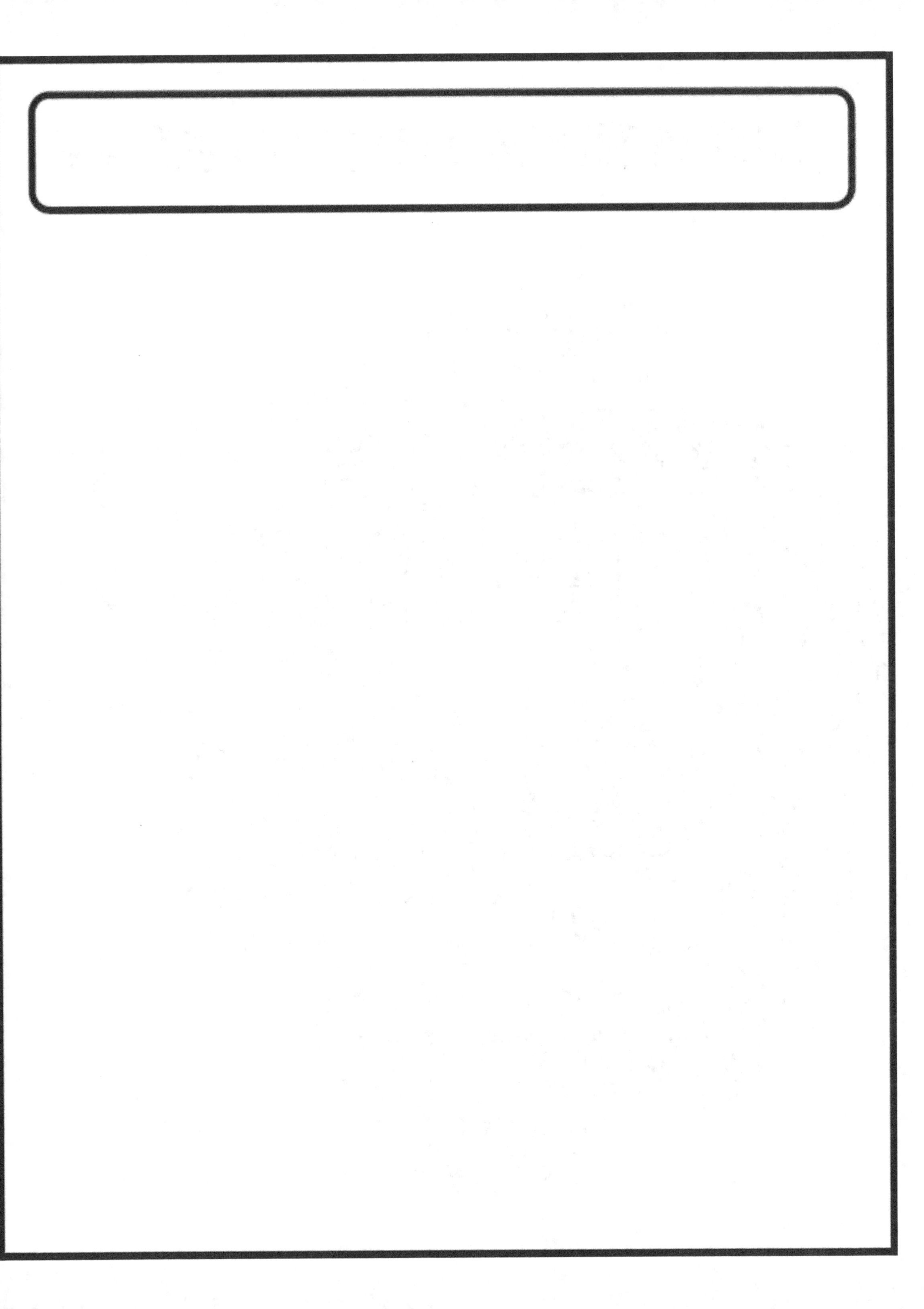

TESCHI DI ZUCCHERO LIBRO DA COLORARE

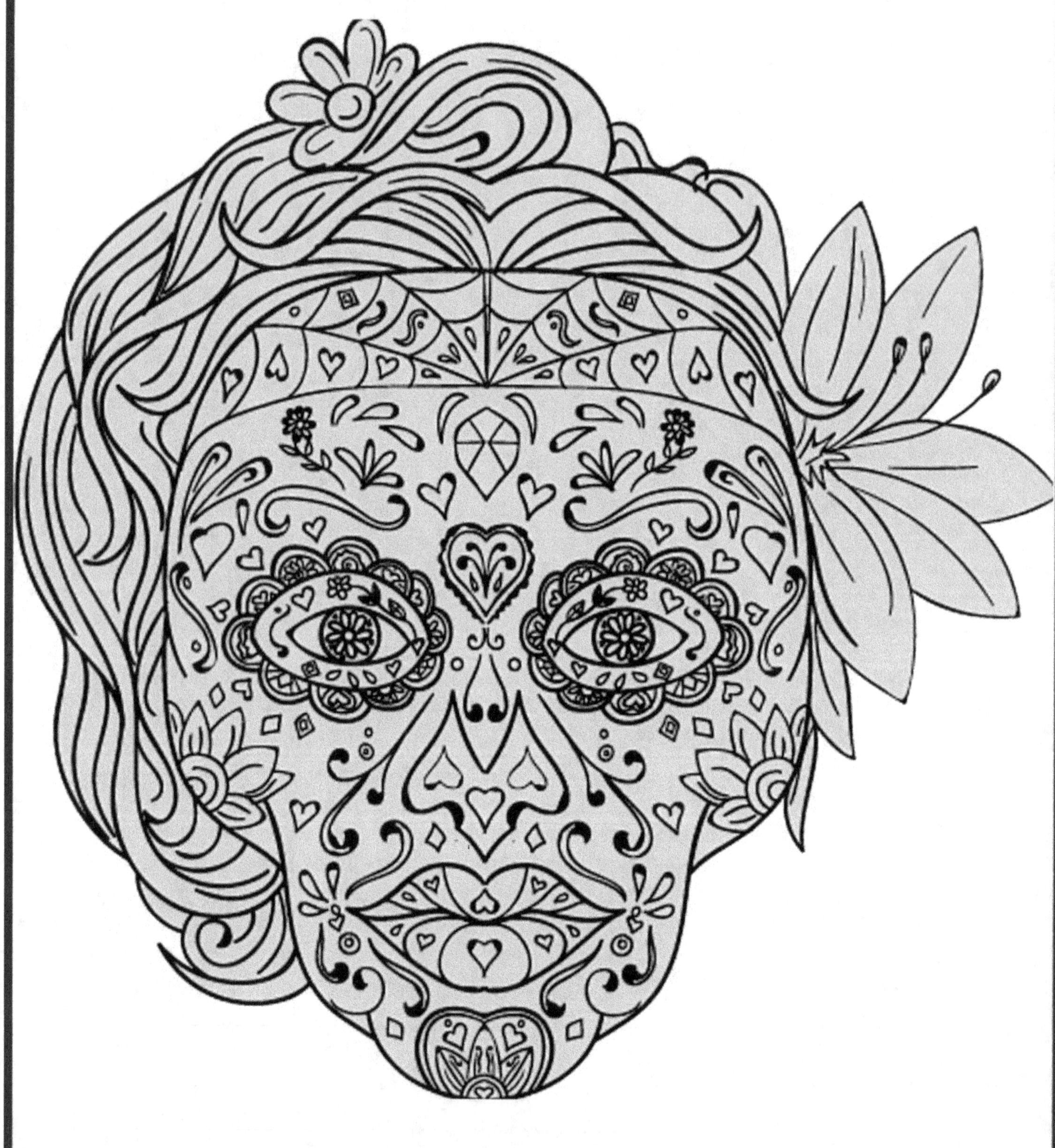

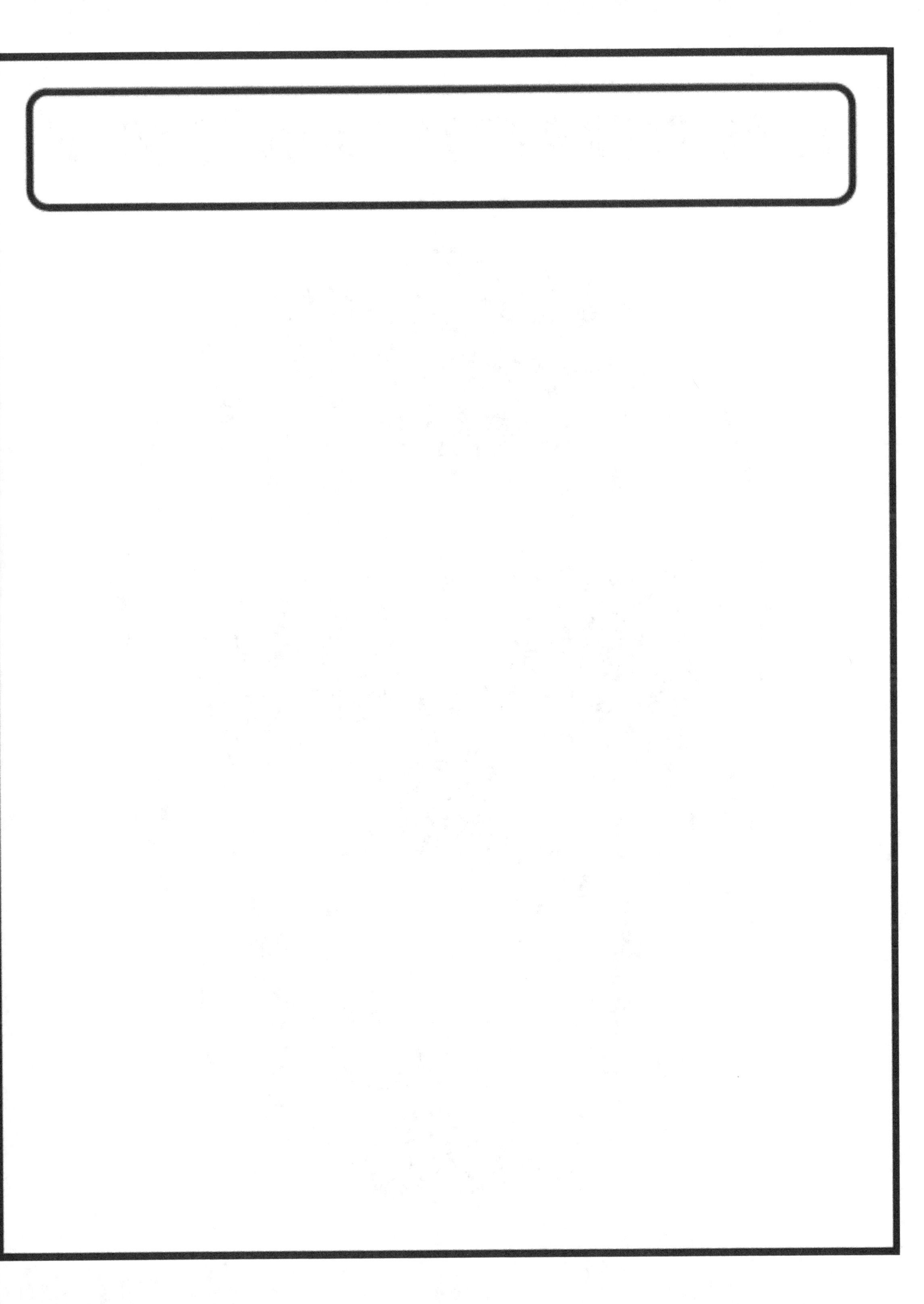

TESCHI DI ZUCCHERO LIBRO DA COLORARE

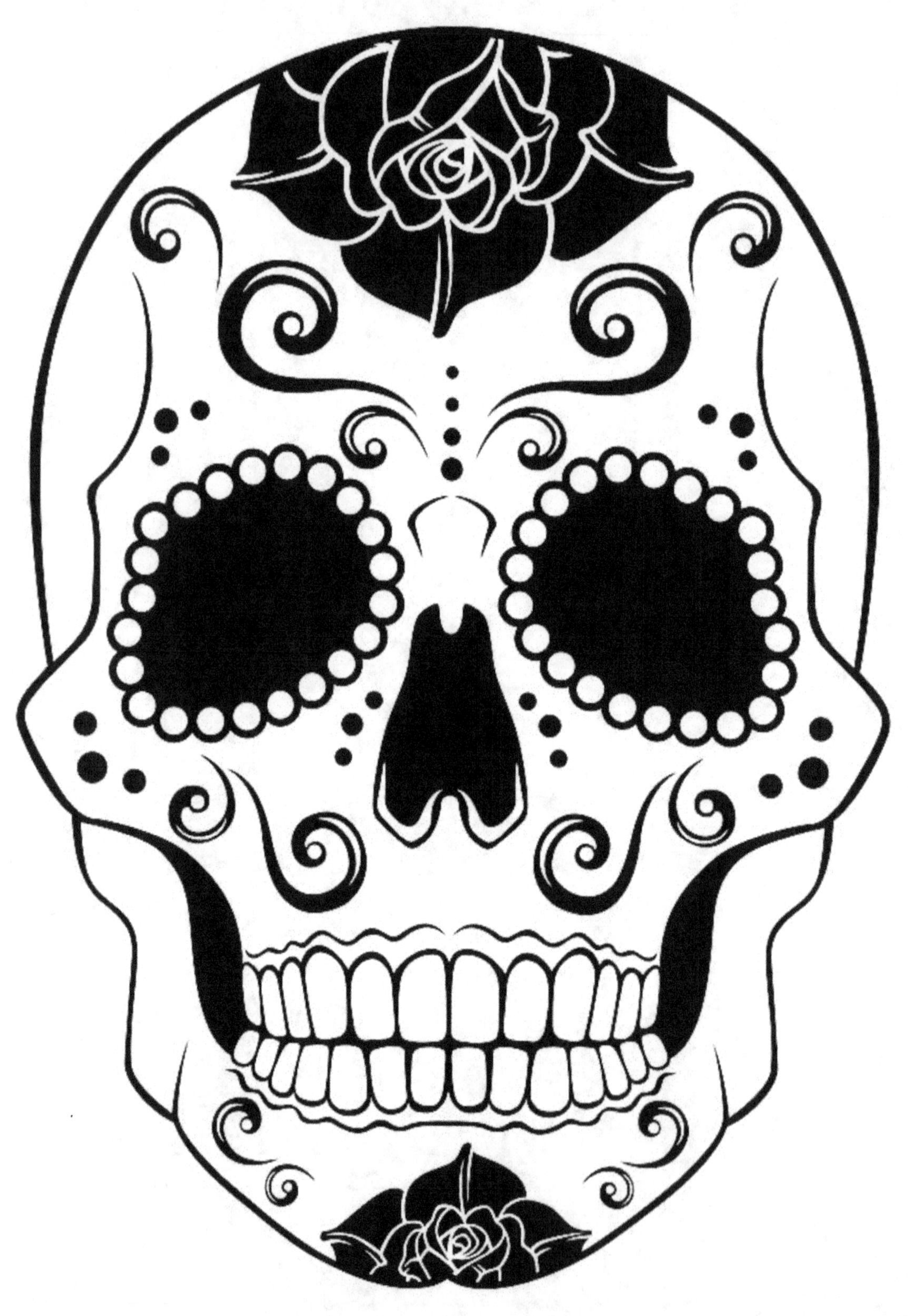

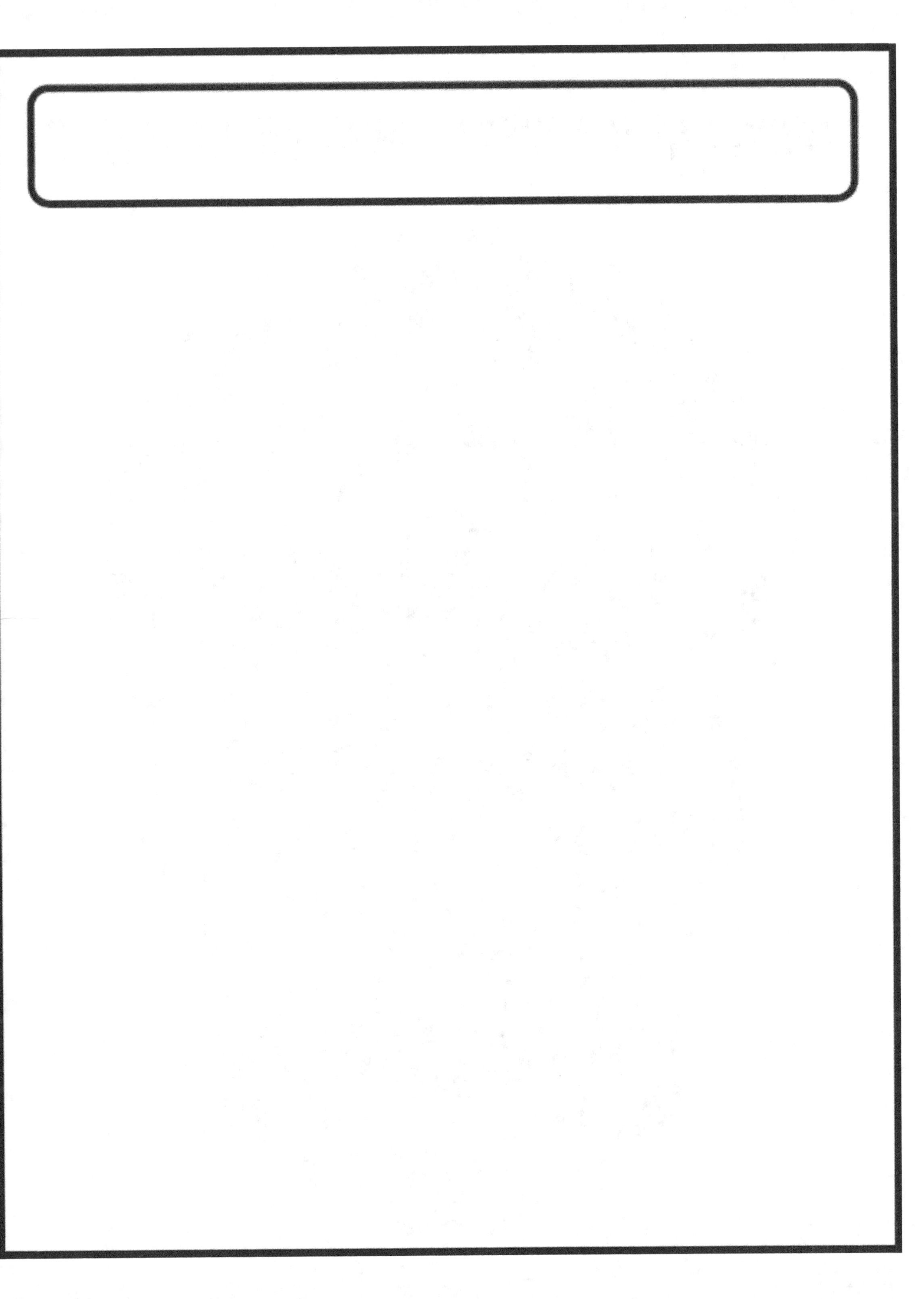

TESCHI DI ZUCCHERO LIBRO DA COLORARE

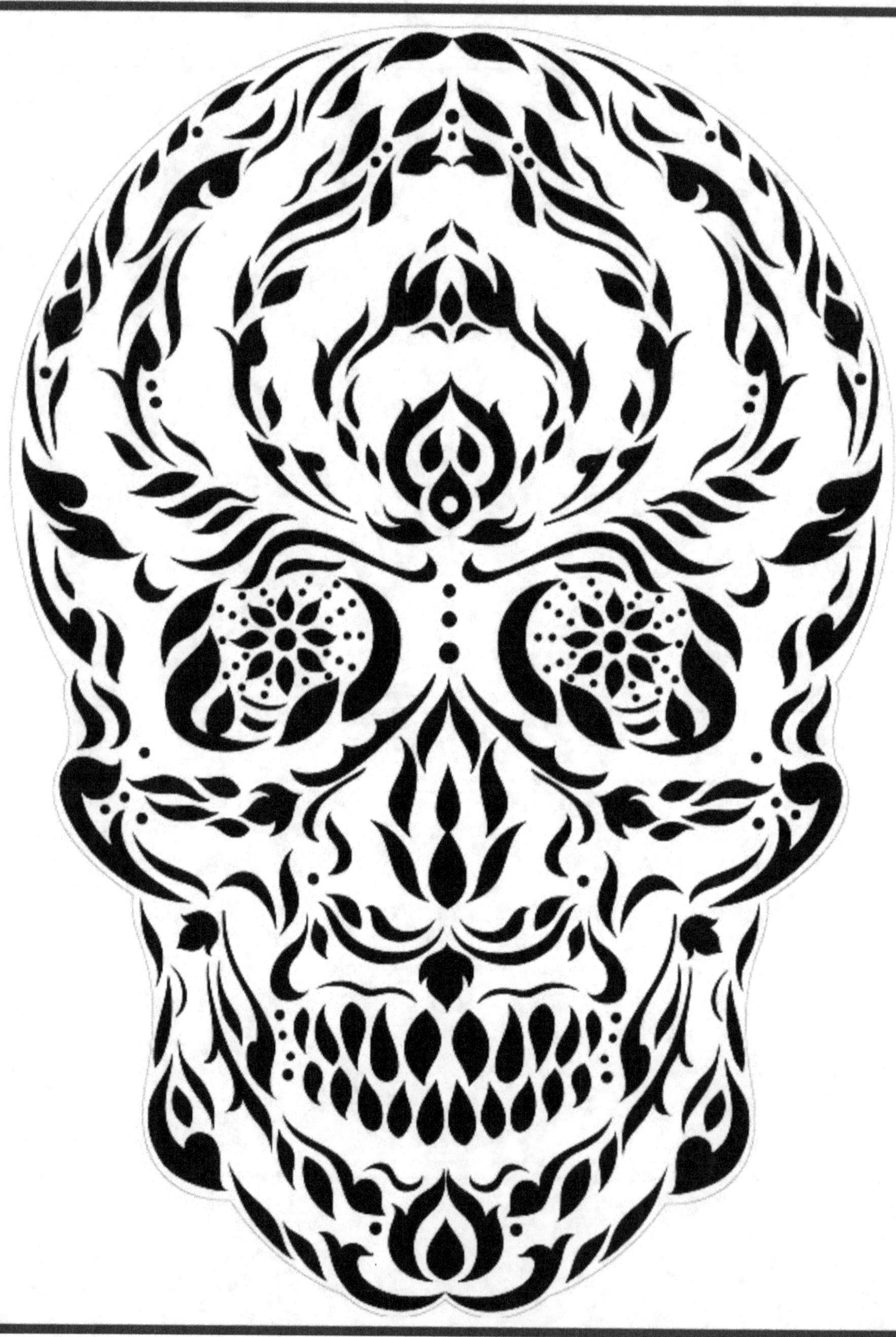

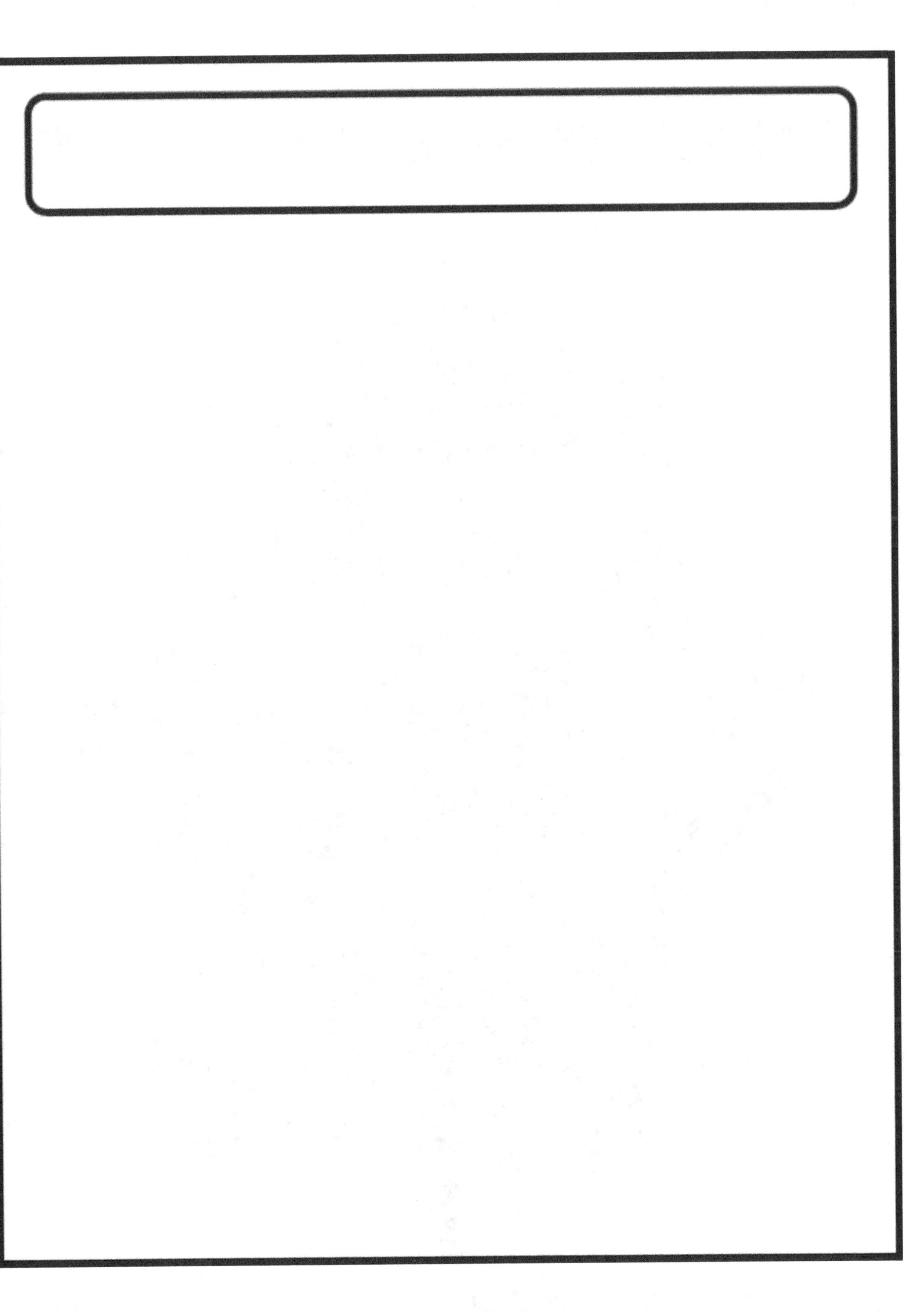

TESCHI DI ZUCCHERO LIBRO DA COLORARE

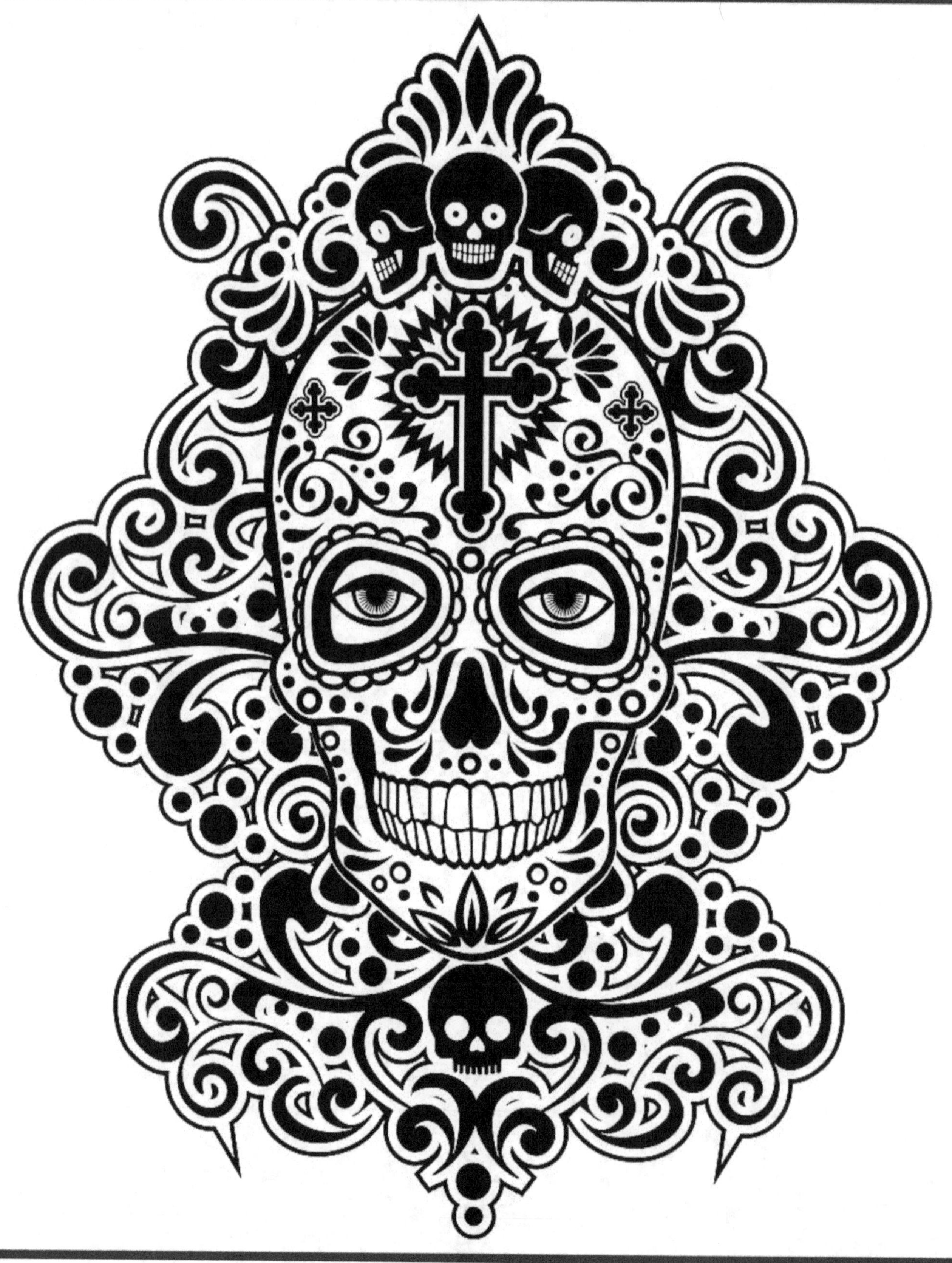

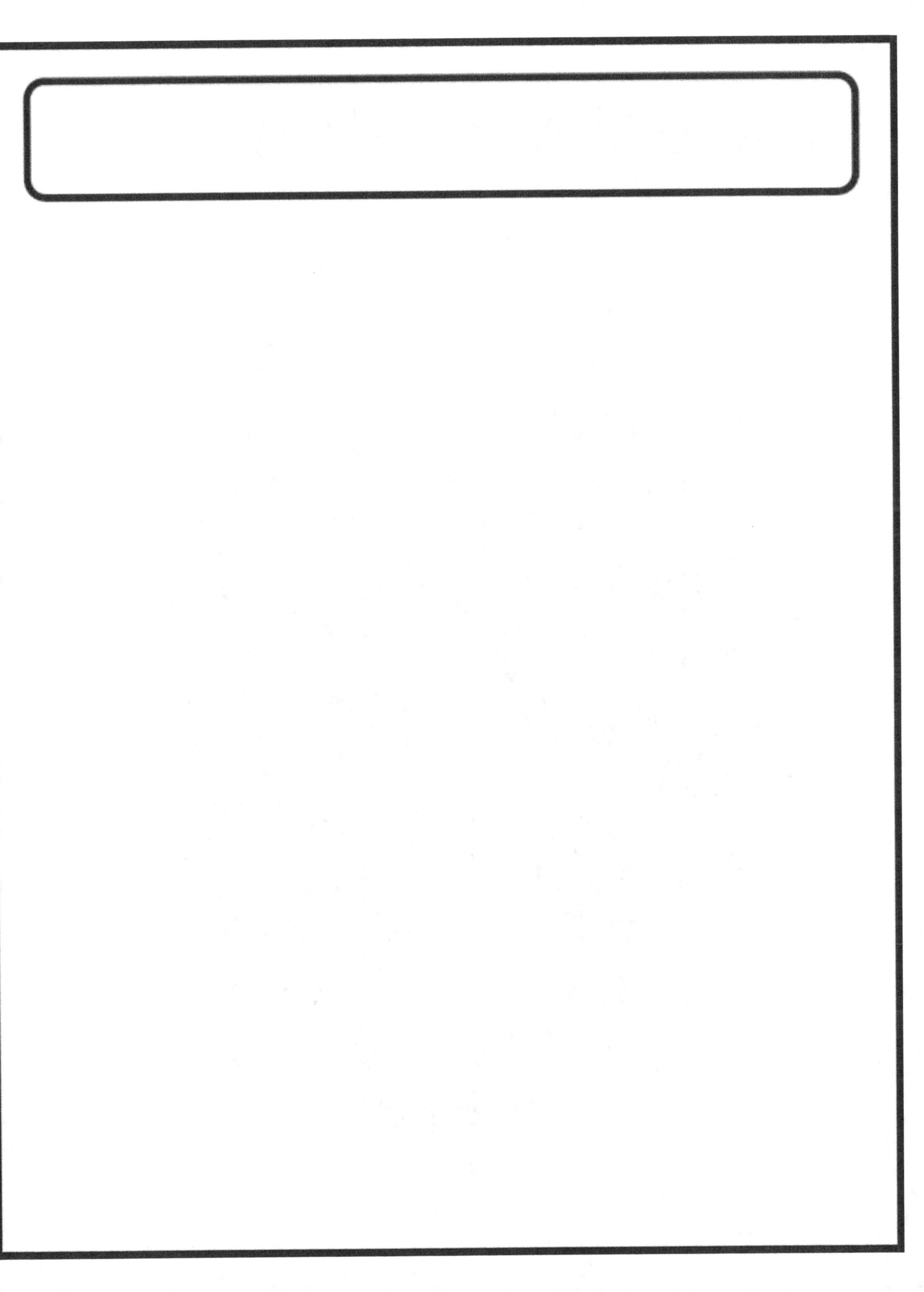

TESCHI DI ZUCCHERO LIBRO DA COLORARE

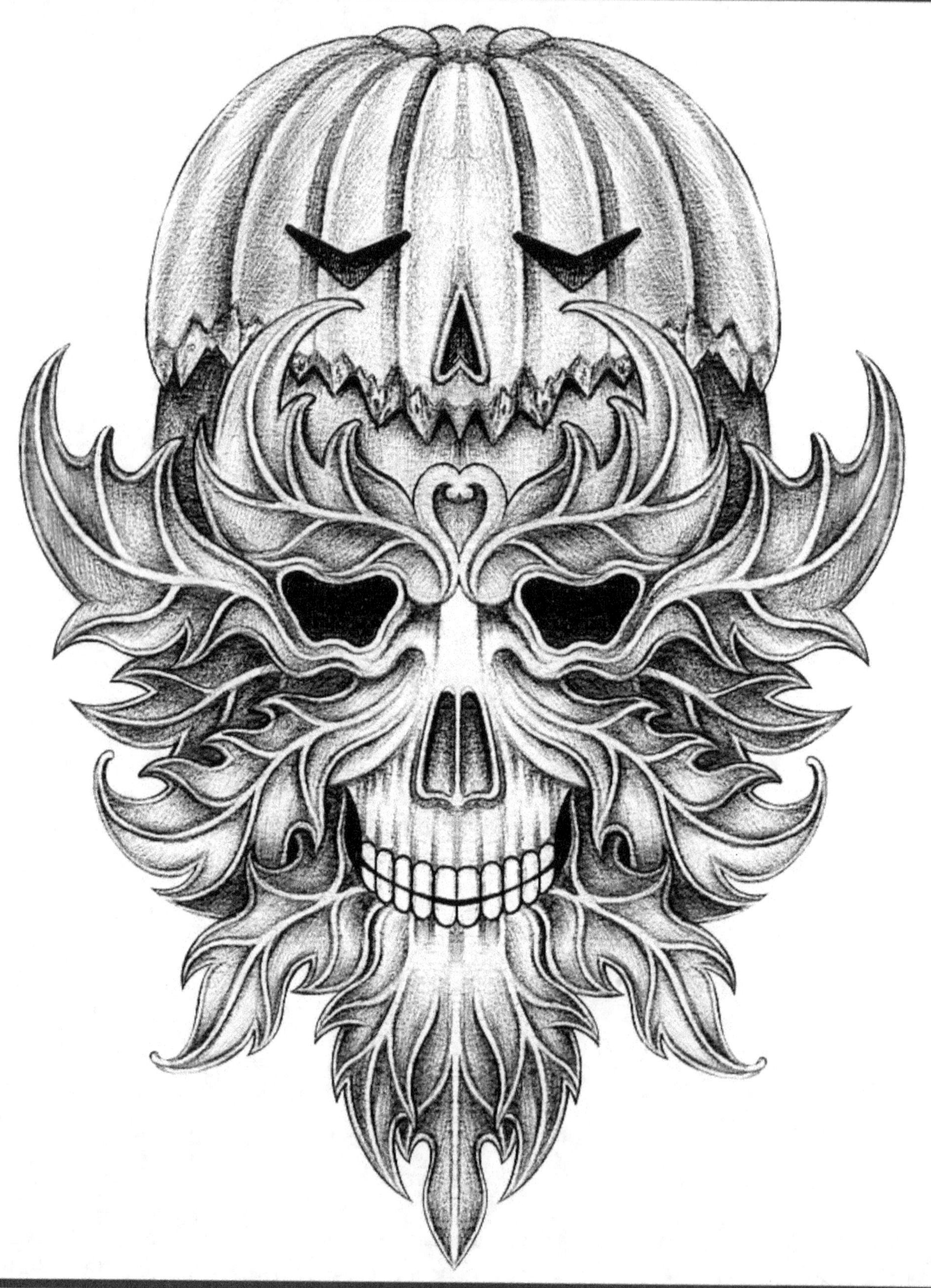

TESCHI DI ZUCCHERO LIBRO DA COLORARE

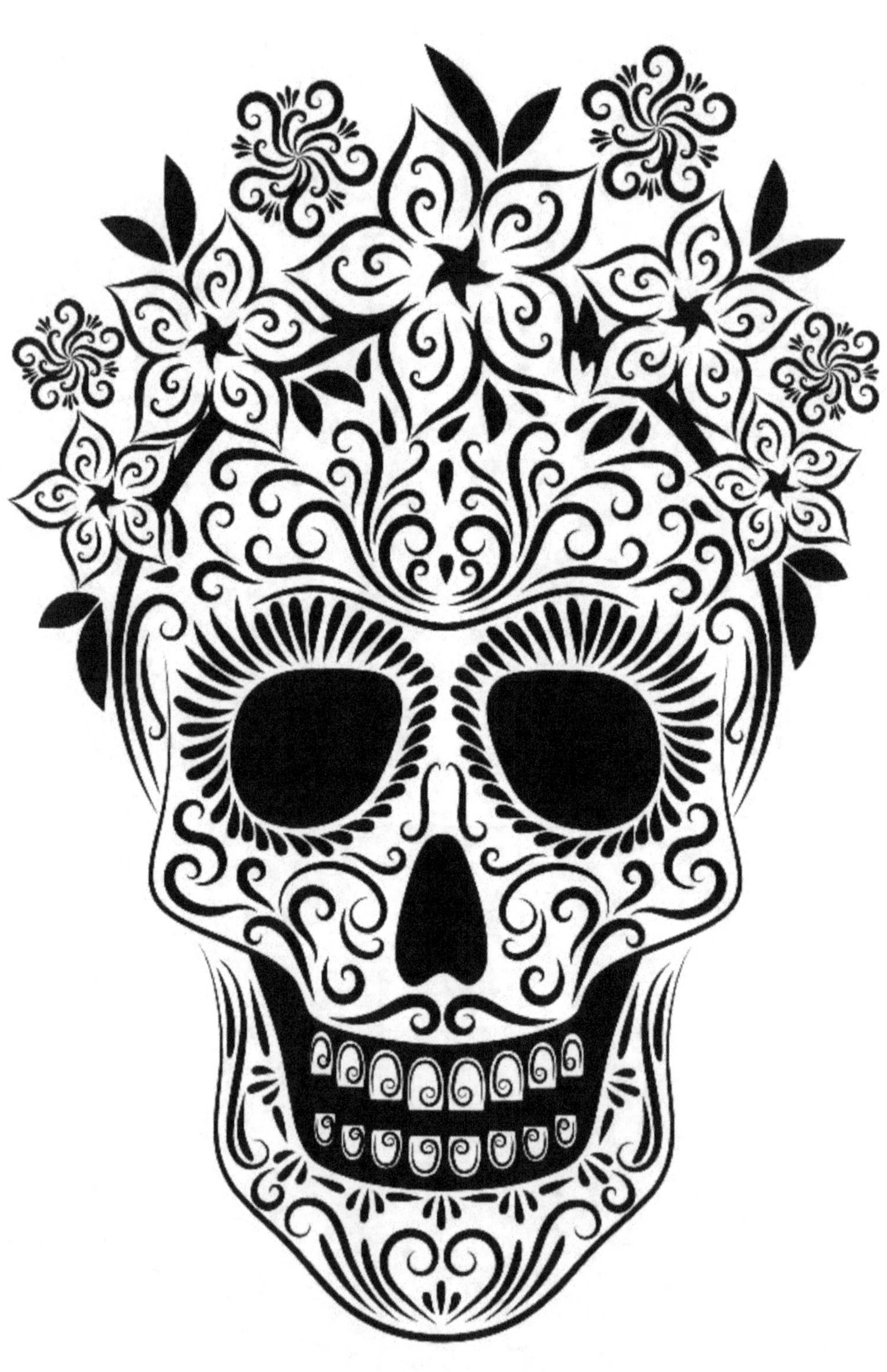

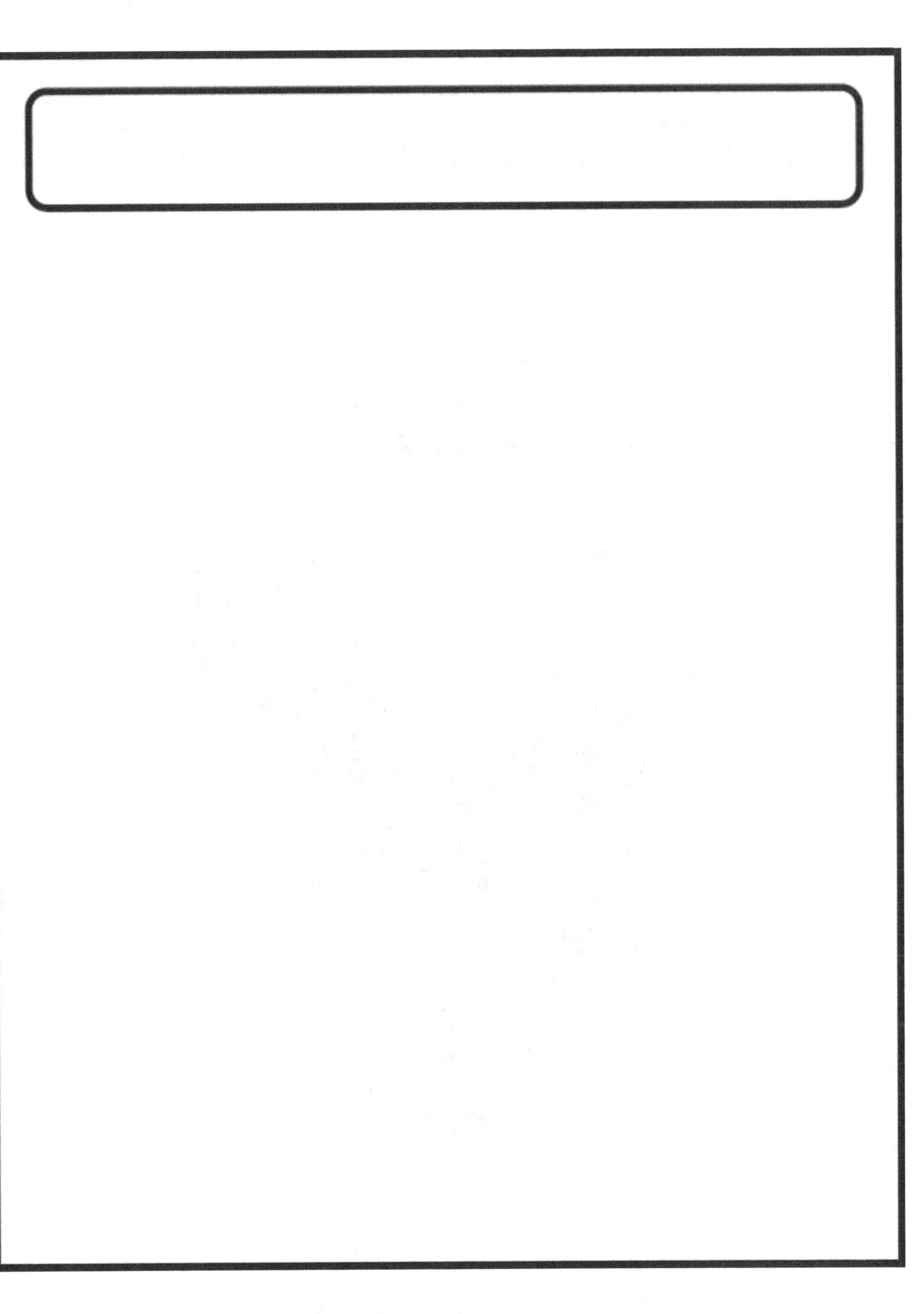

TESCHI DI ZUCCHERO LIBRO DA COLORARE

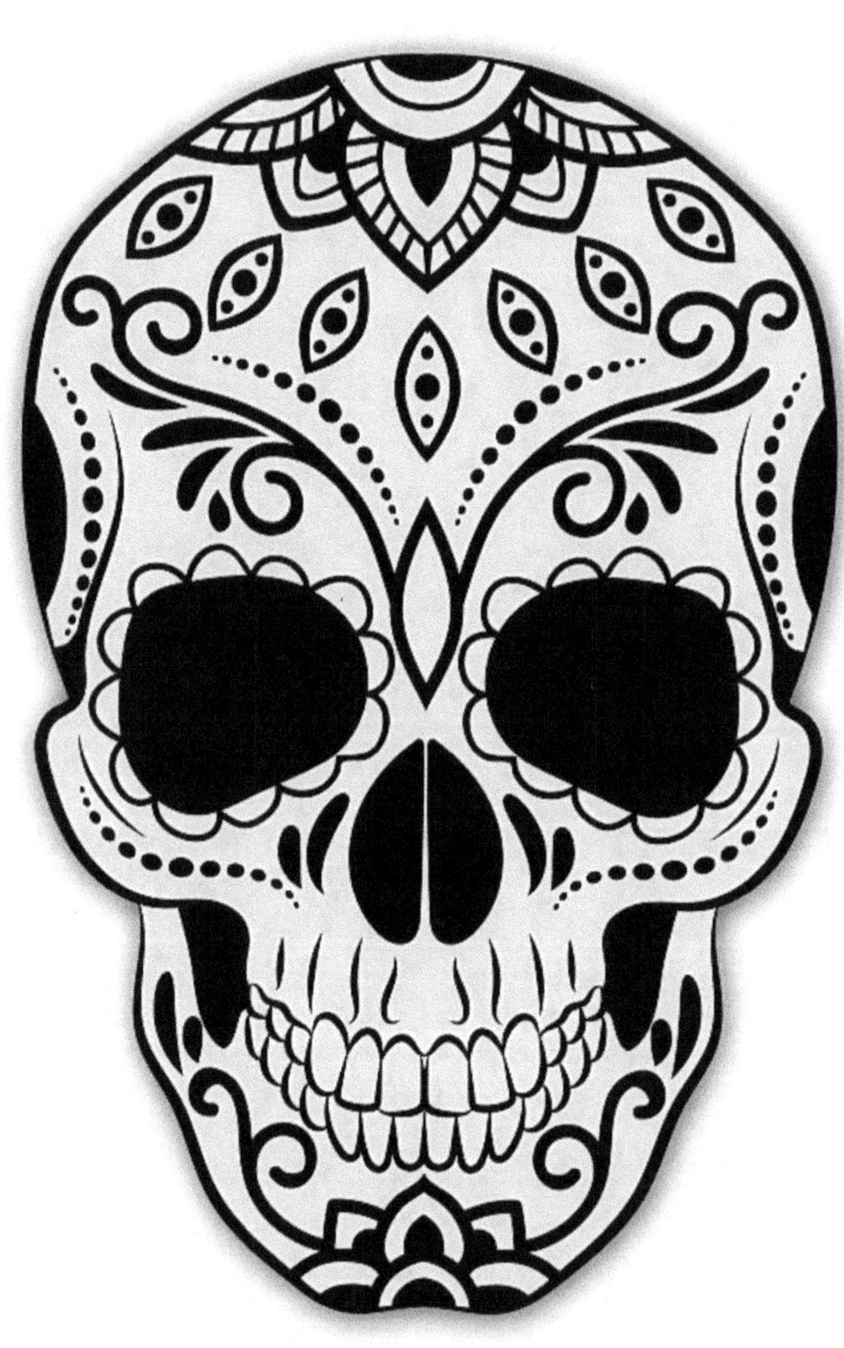

TESCHI DI ZUCCHERO LIBRO DA COLORARE

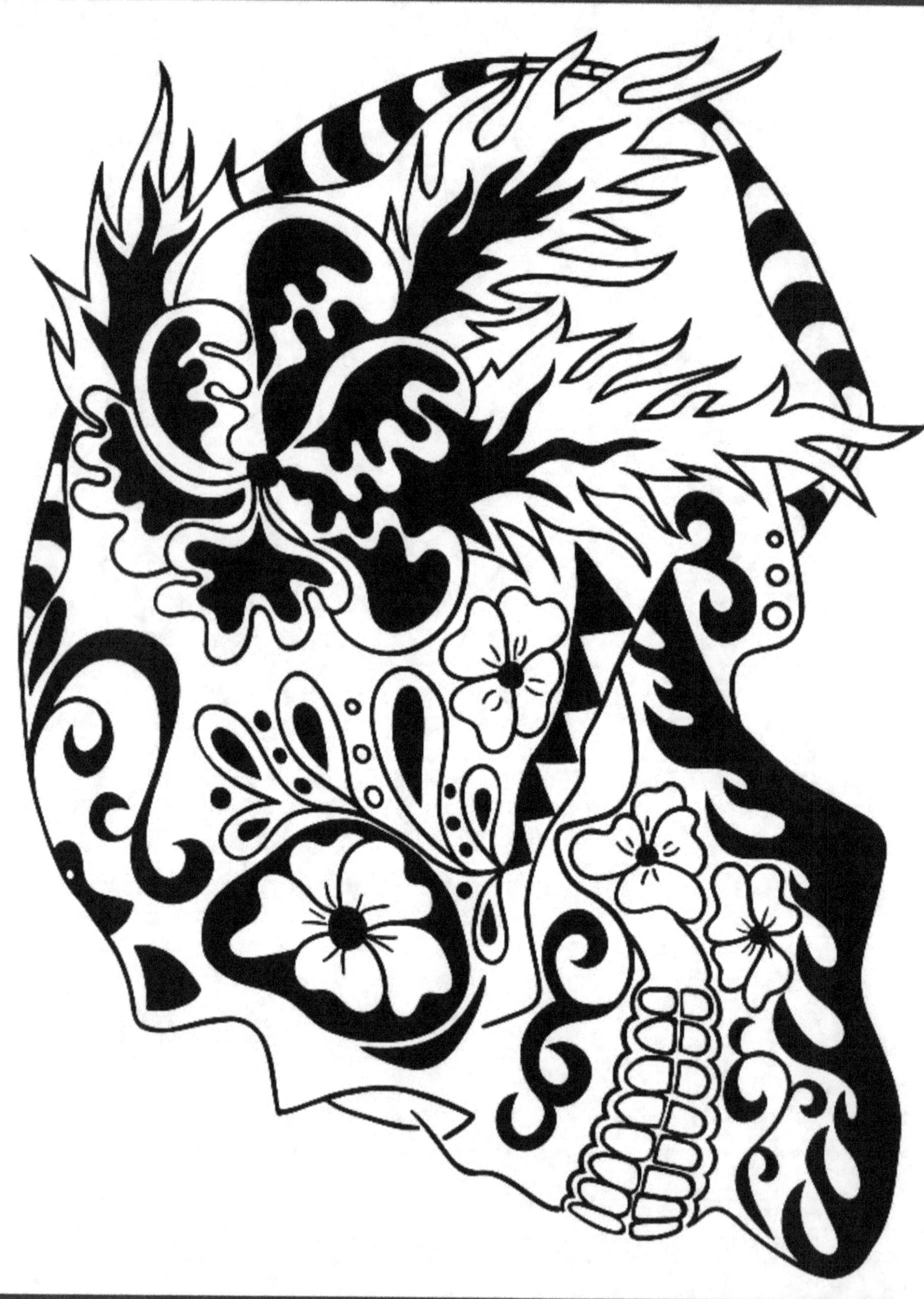

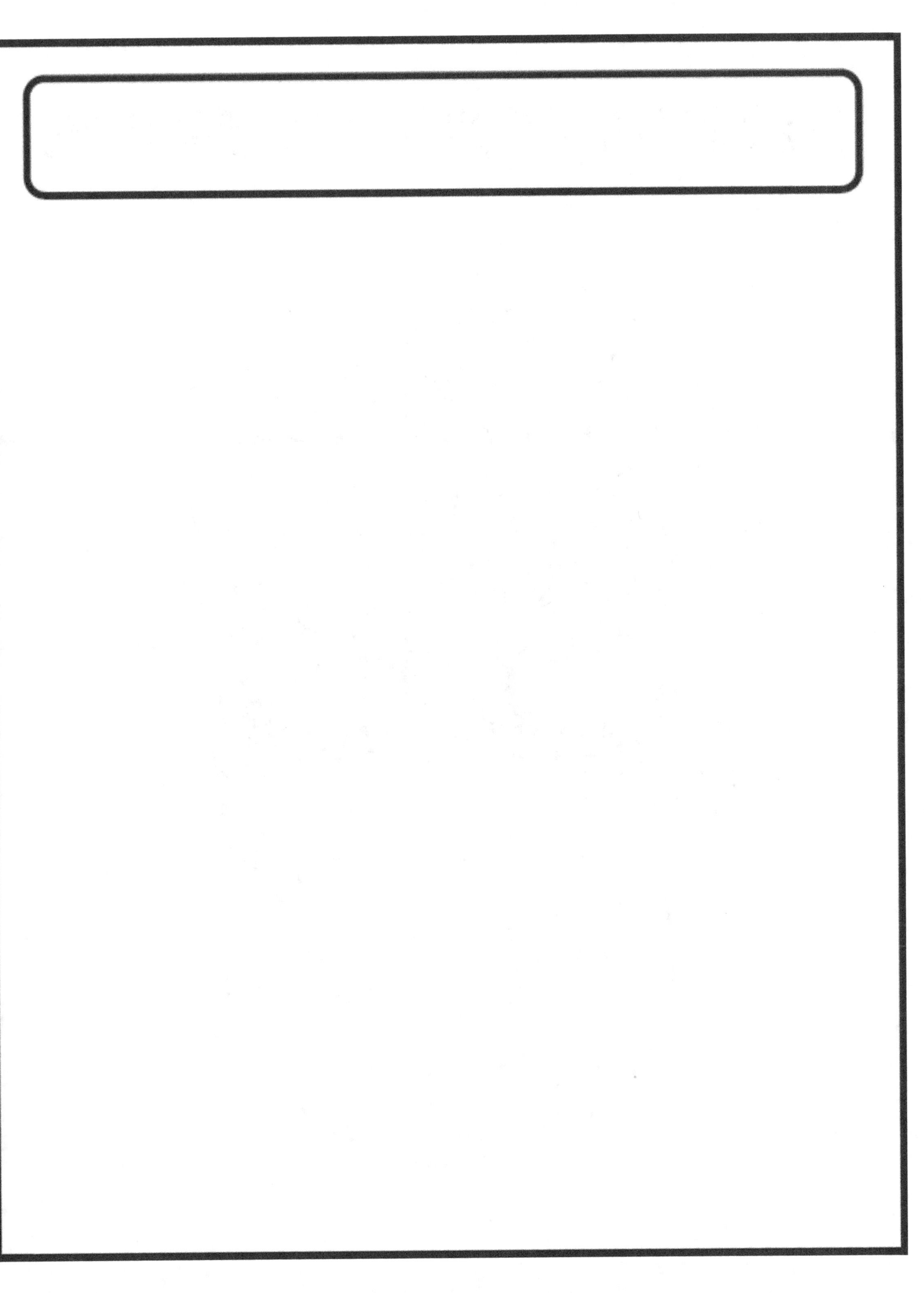

TESCHI DI ZUCCHERO LIBRO DA COLORARE

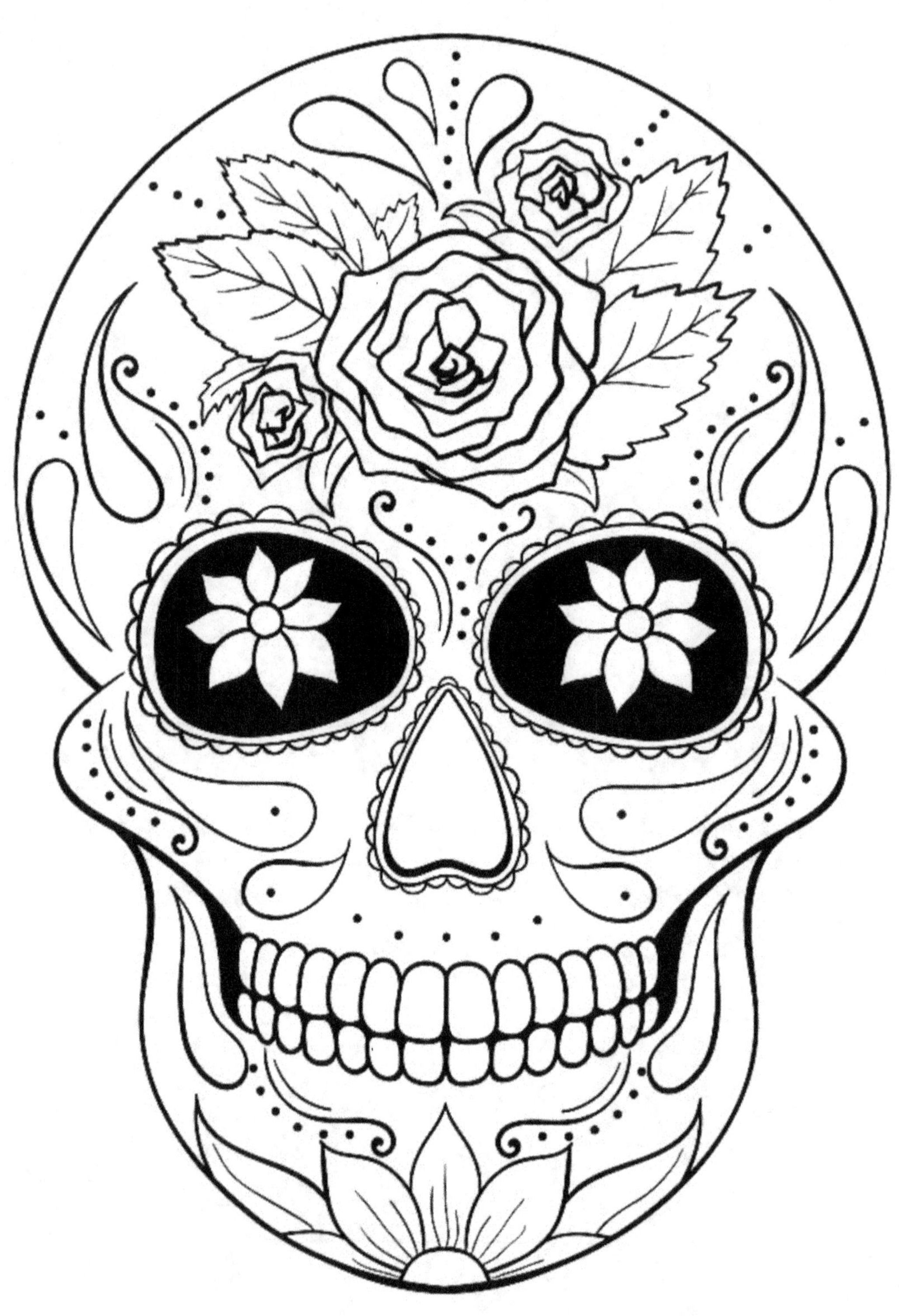

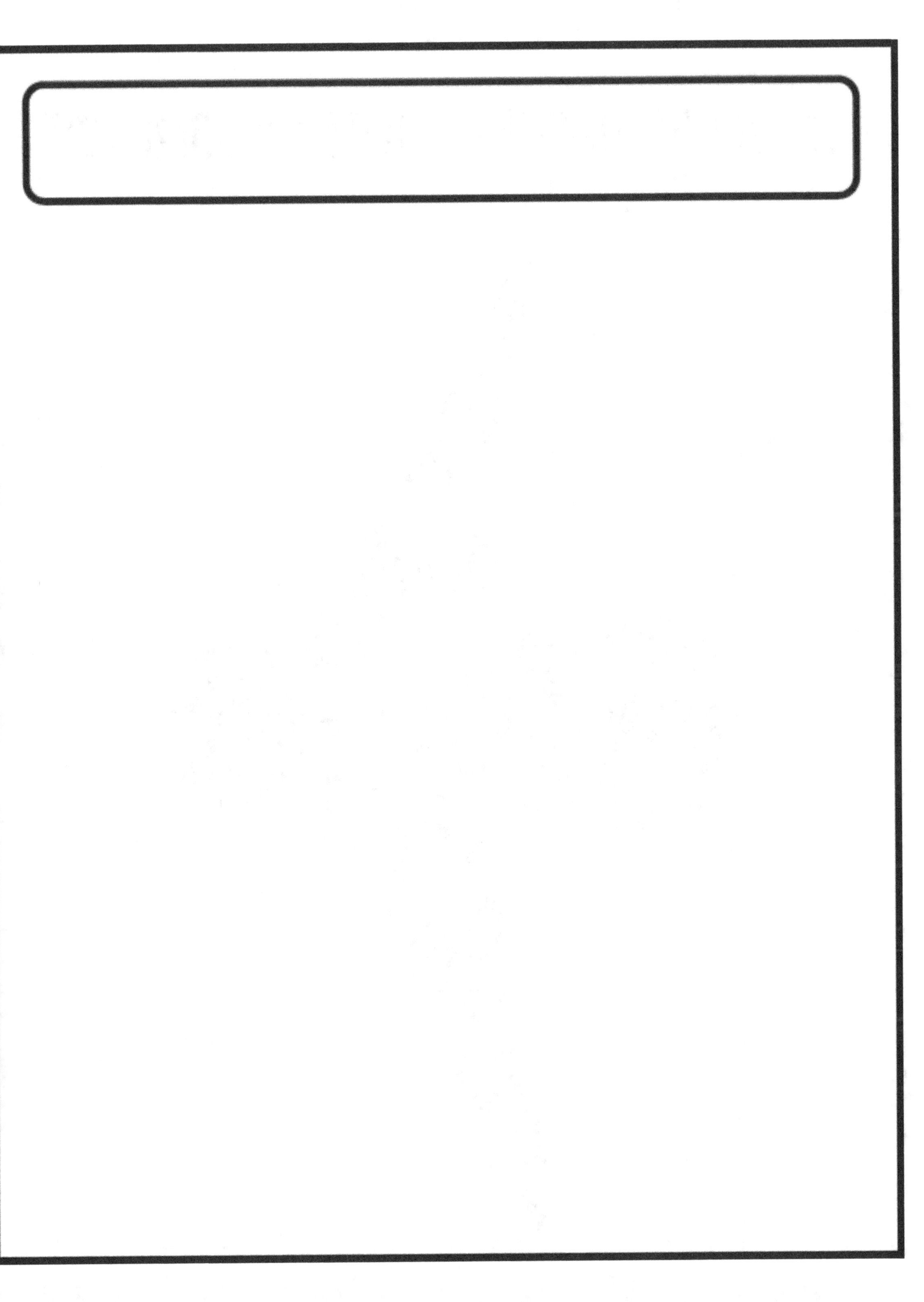

TESCHI DI ZUCCHERO LIBRO DA COLORARE

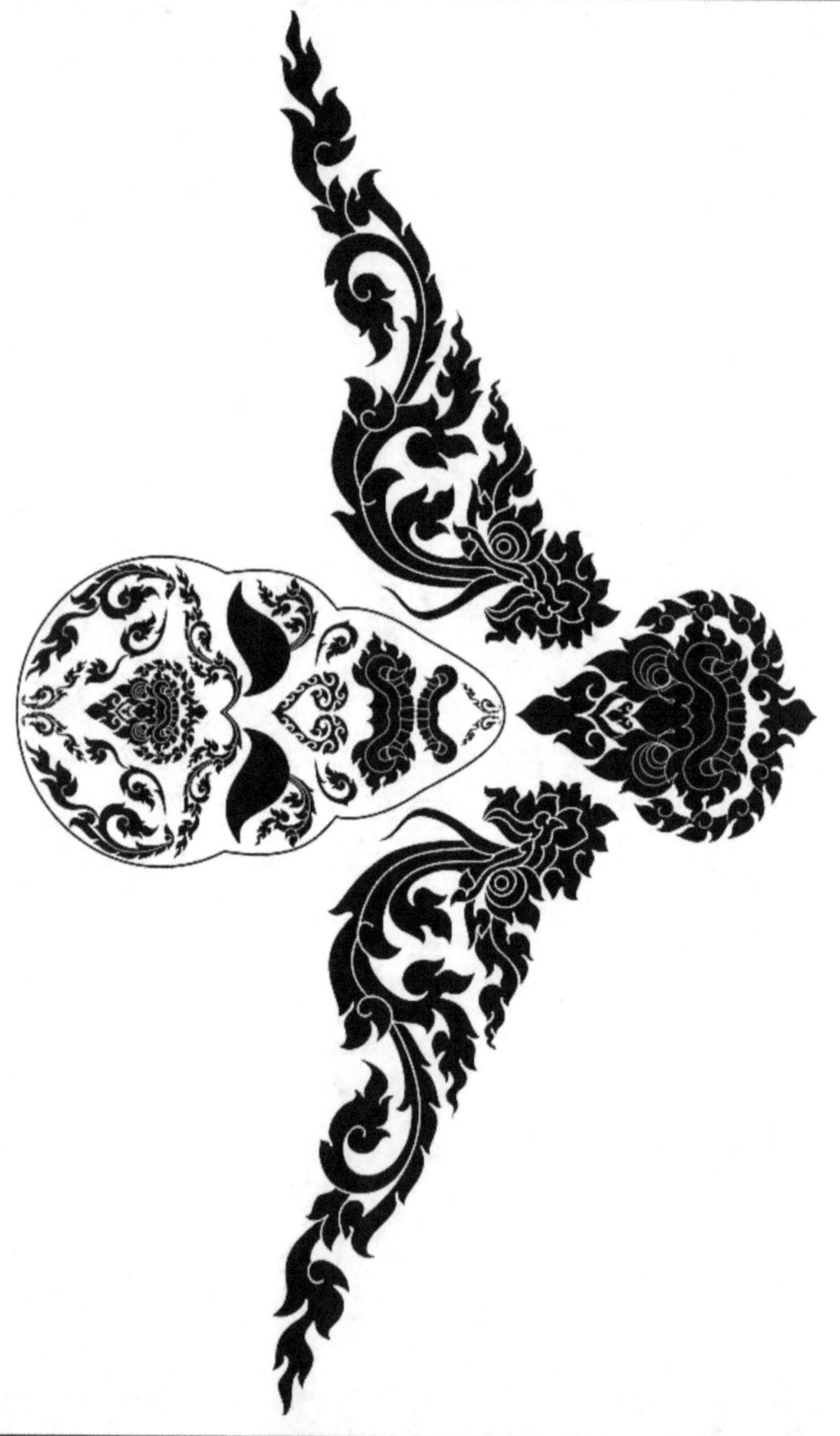

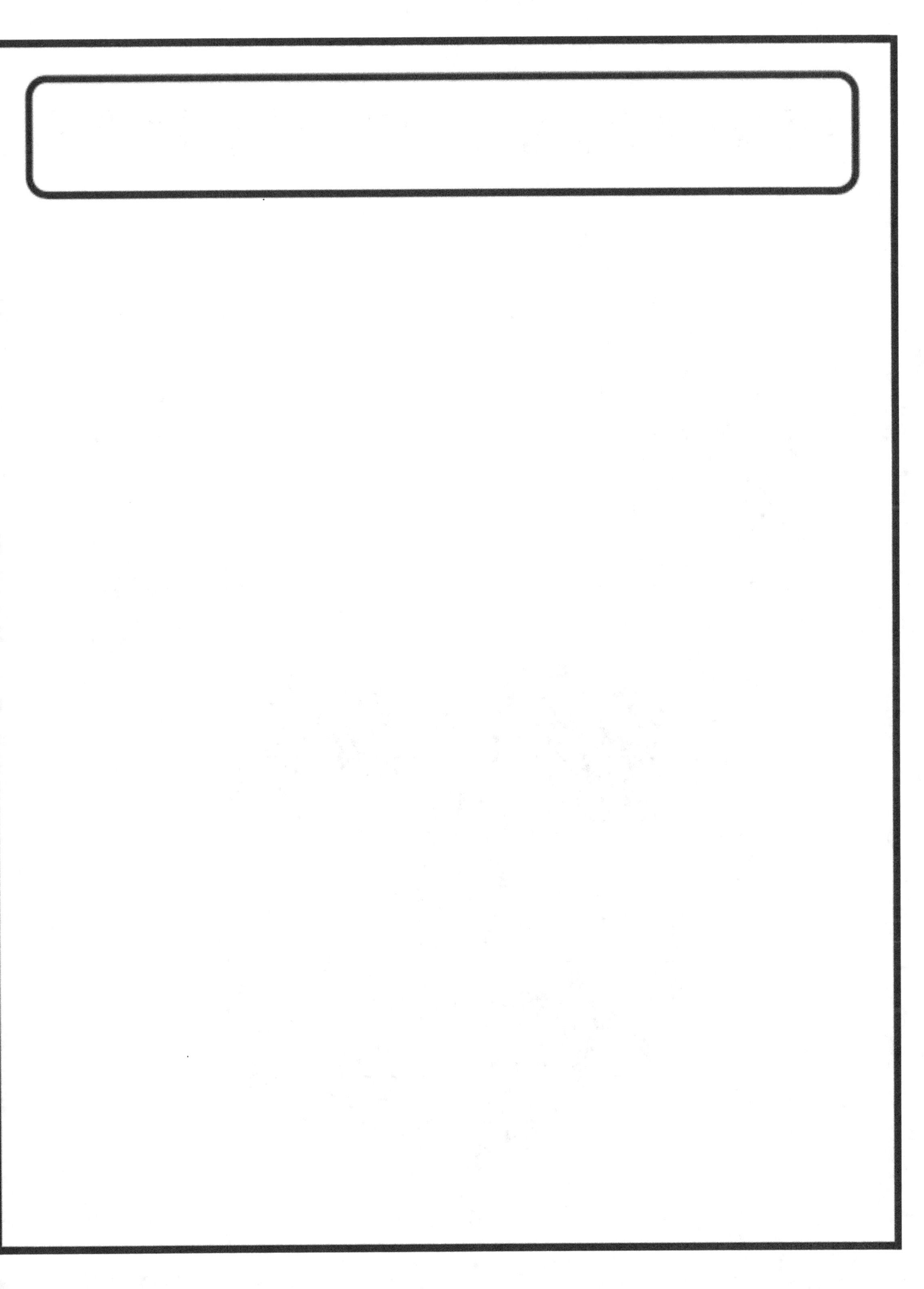

TESCHI DI ZUCCHERO LIBRO DA COLORARE

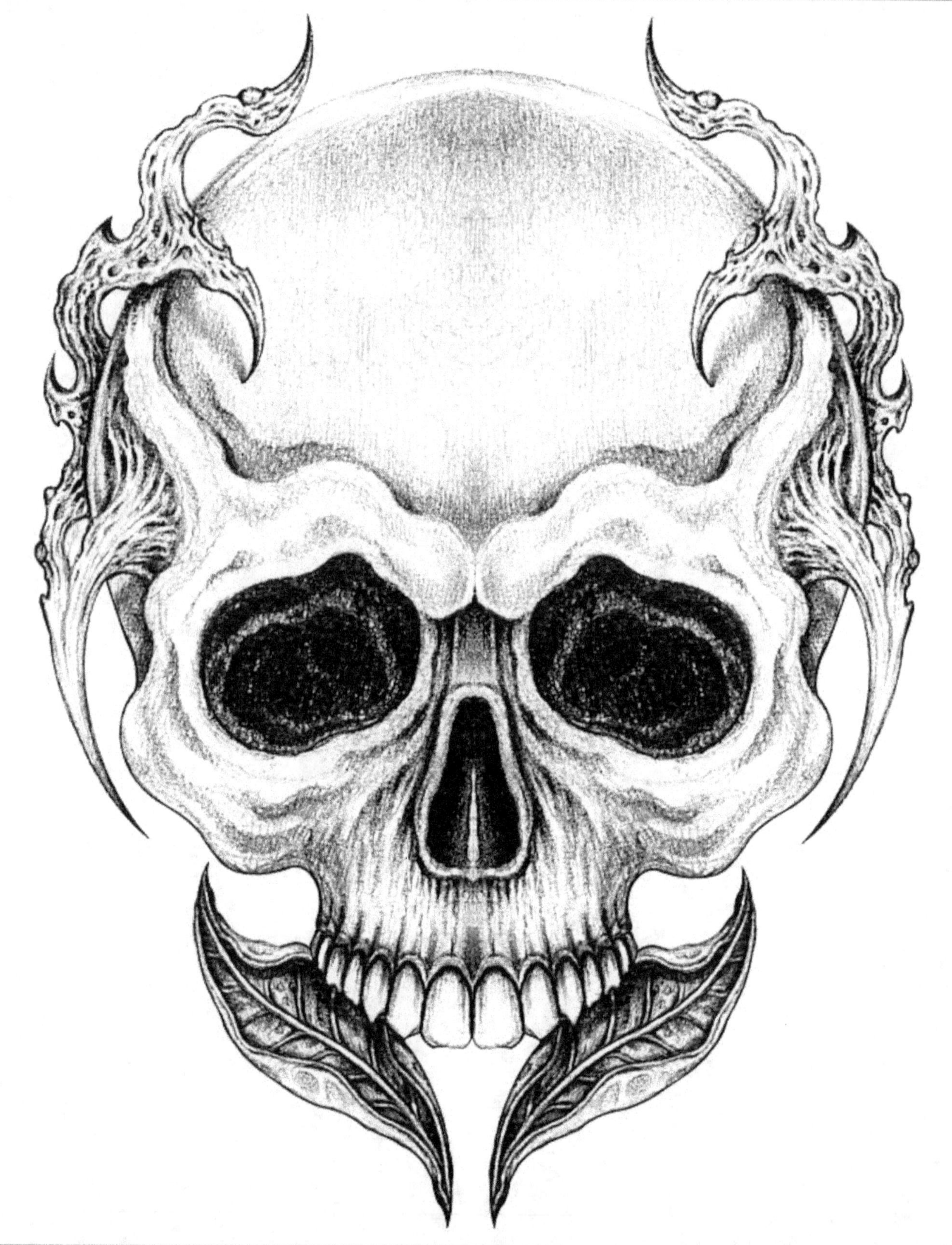

TESCHI DI ZUCCHERO LIBRO DA COLORARE

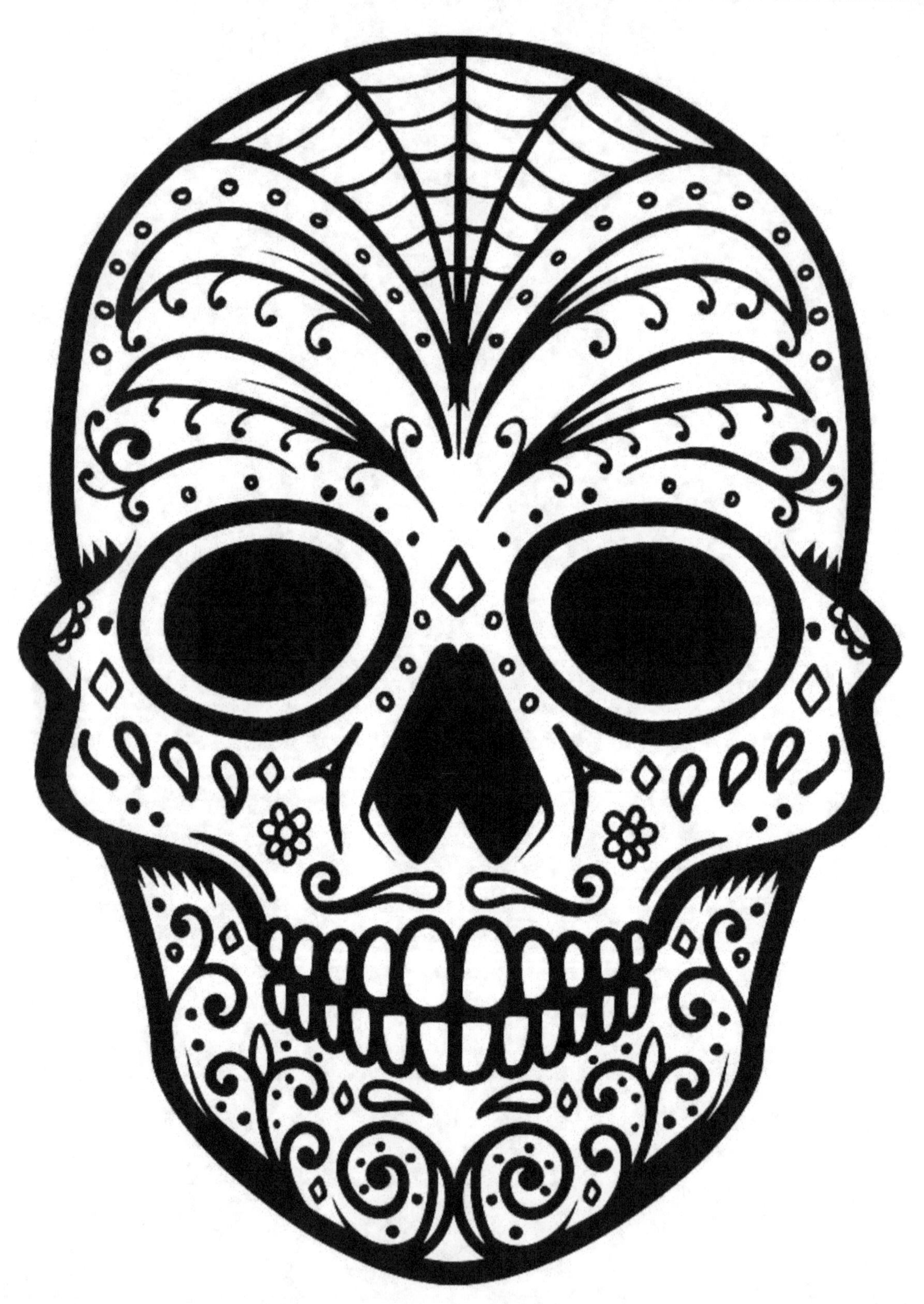

TESCHI DI ZUCCHERO LIBRO DA COLORARE

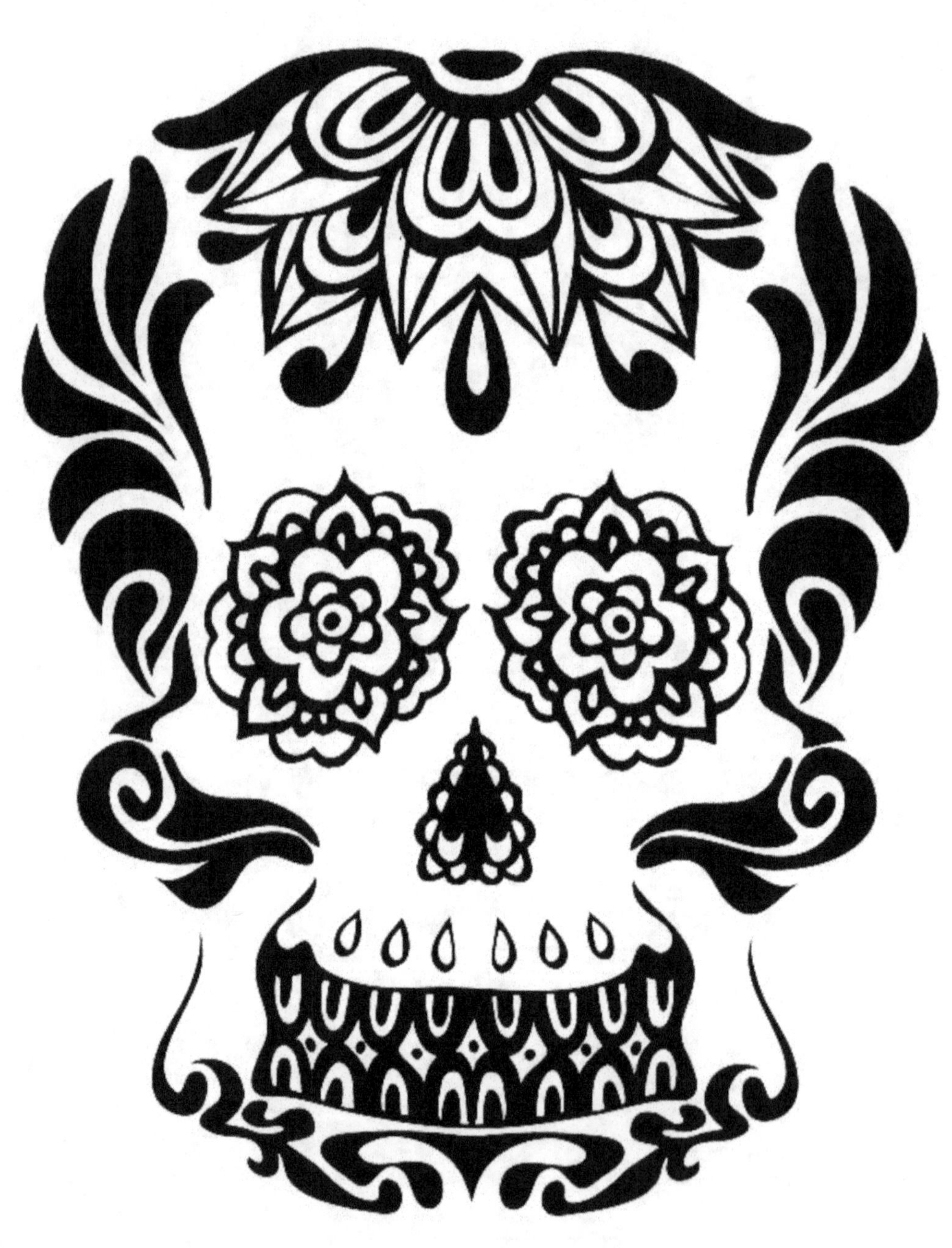

TESCHI DI ZUCCHERO LIBRO DA COLORARE

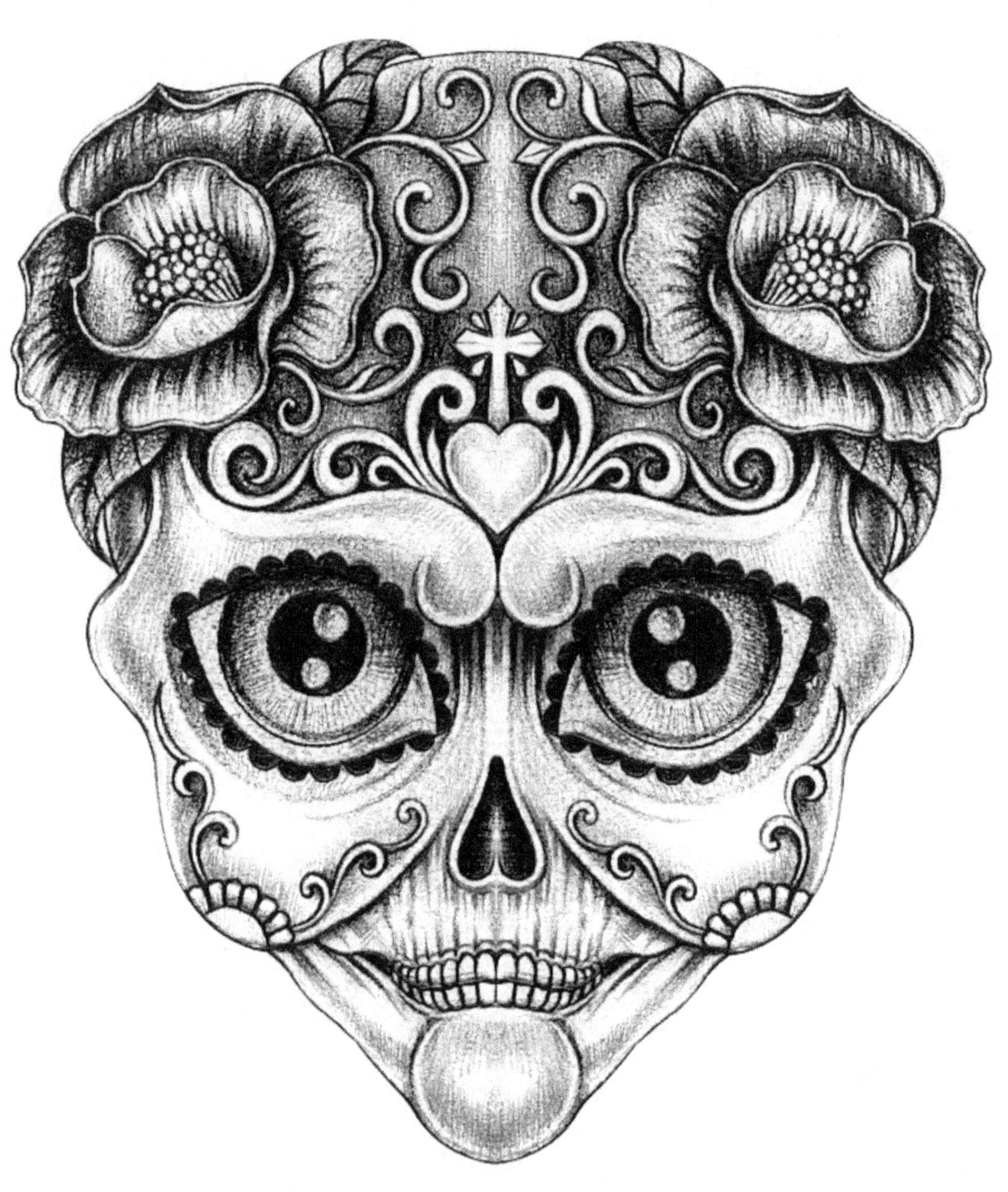

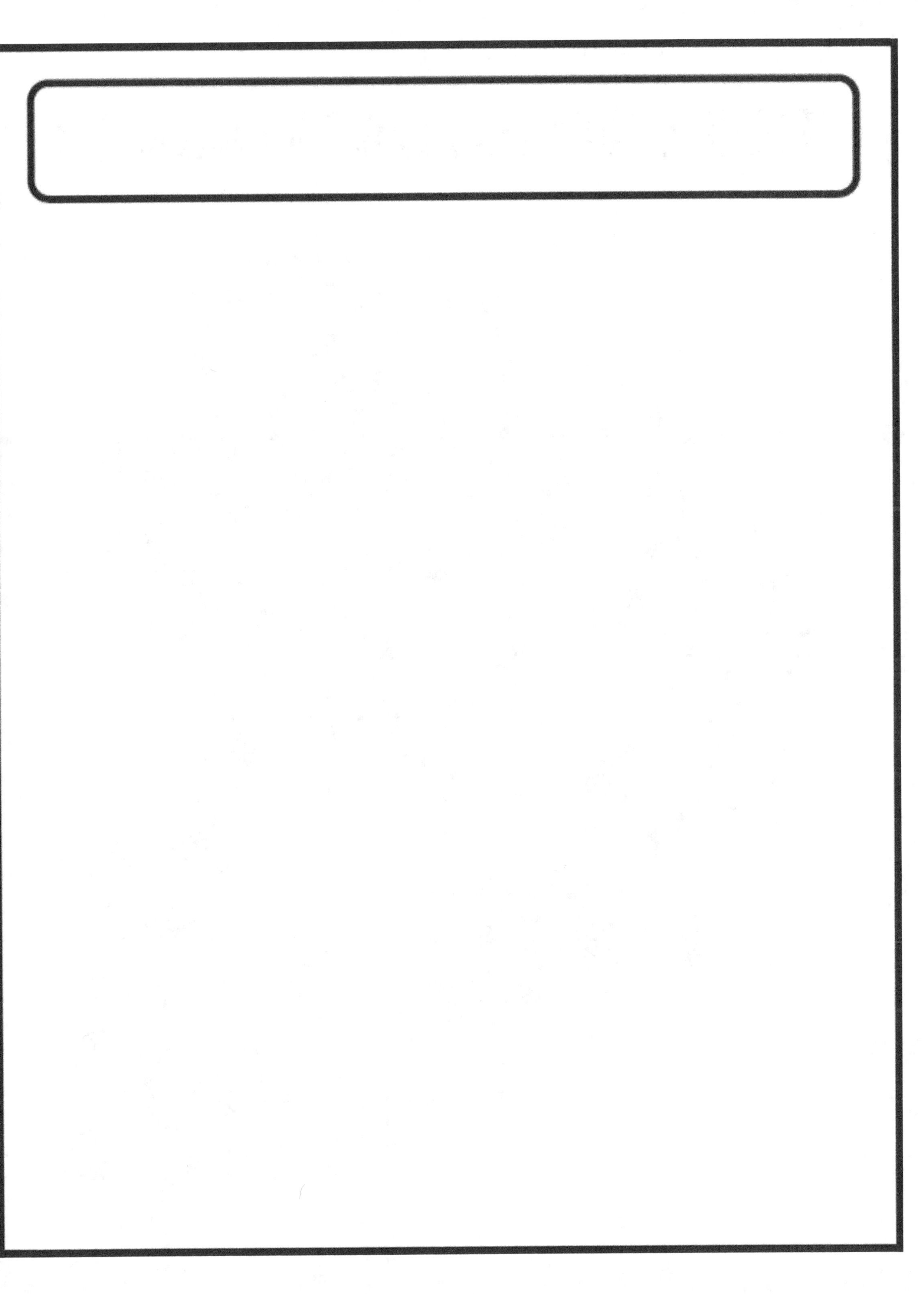

TESCHI DI ZUCCHERO LIBRO DA COLORARE

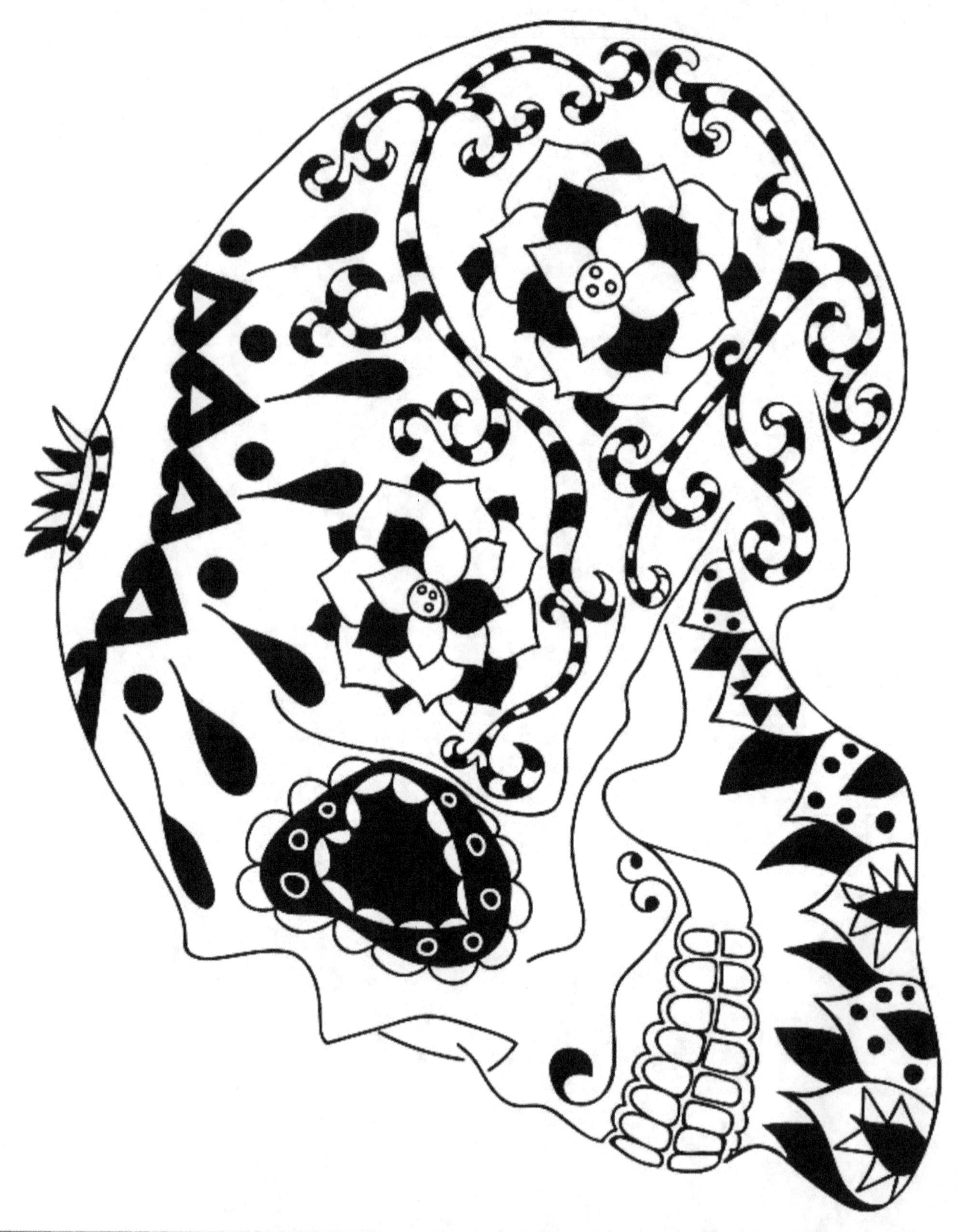

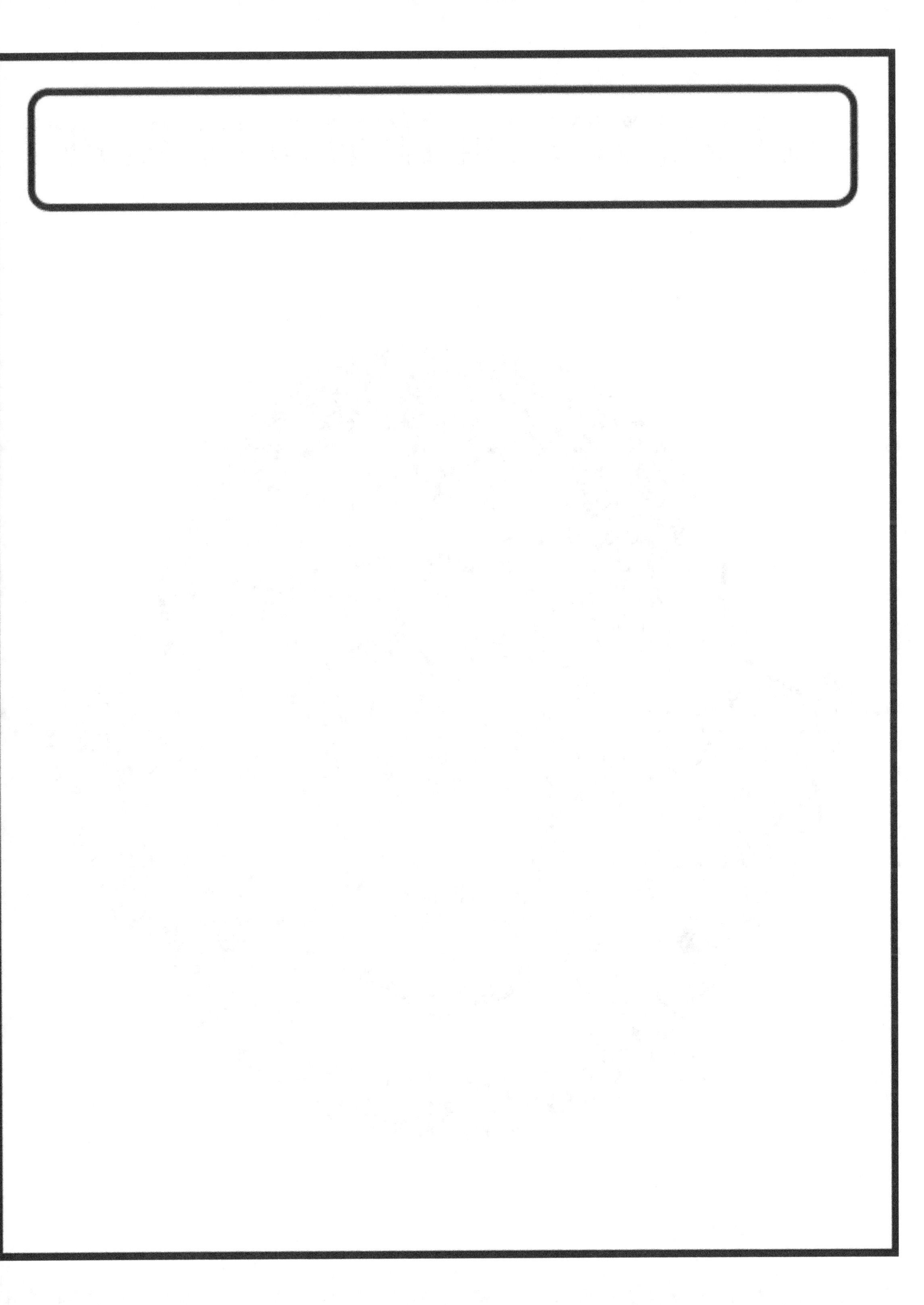

TESCHI DI ZUCCHERO LIBRO DA COLORARE

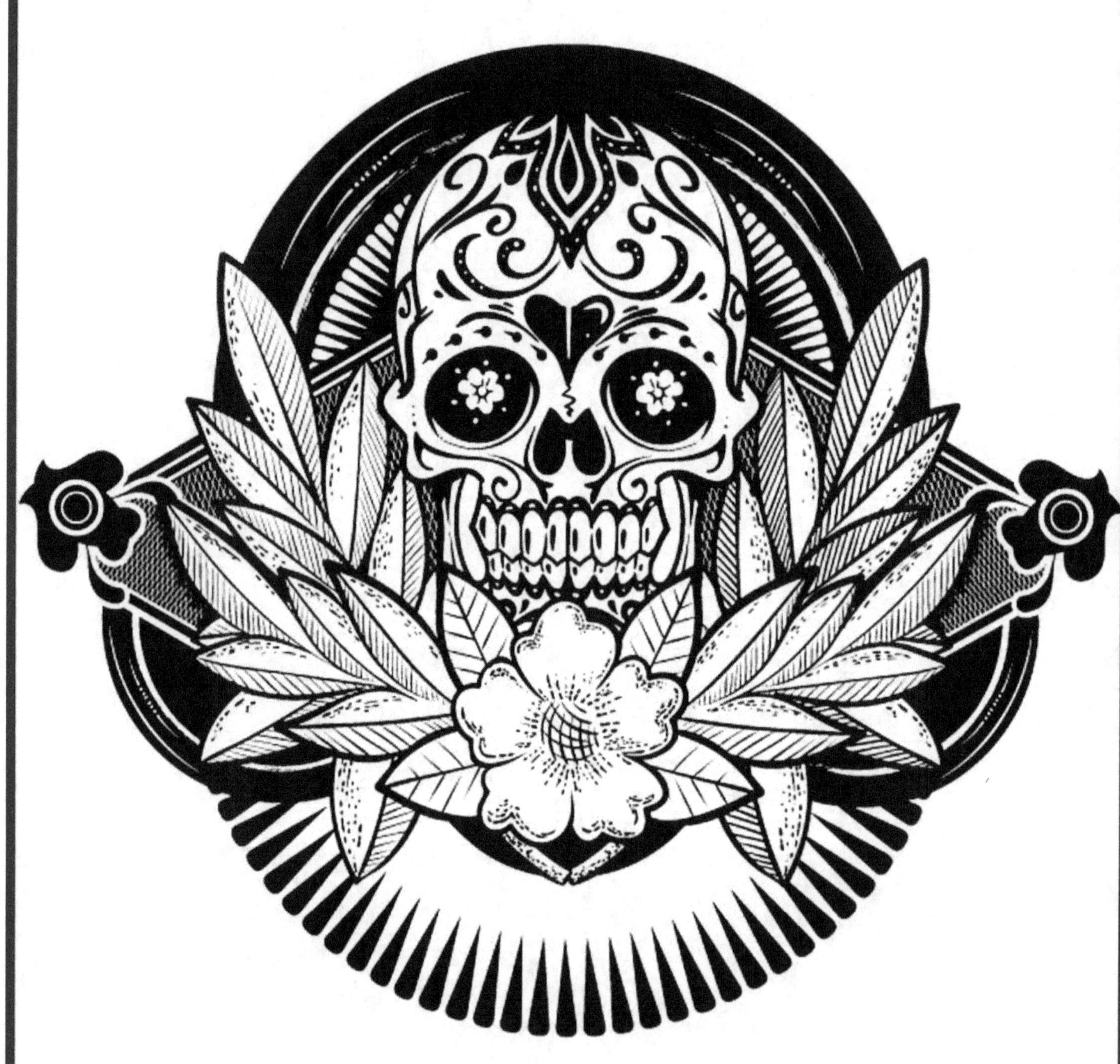

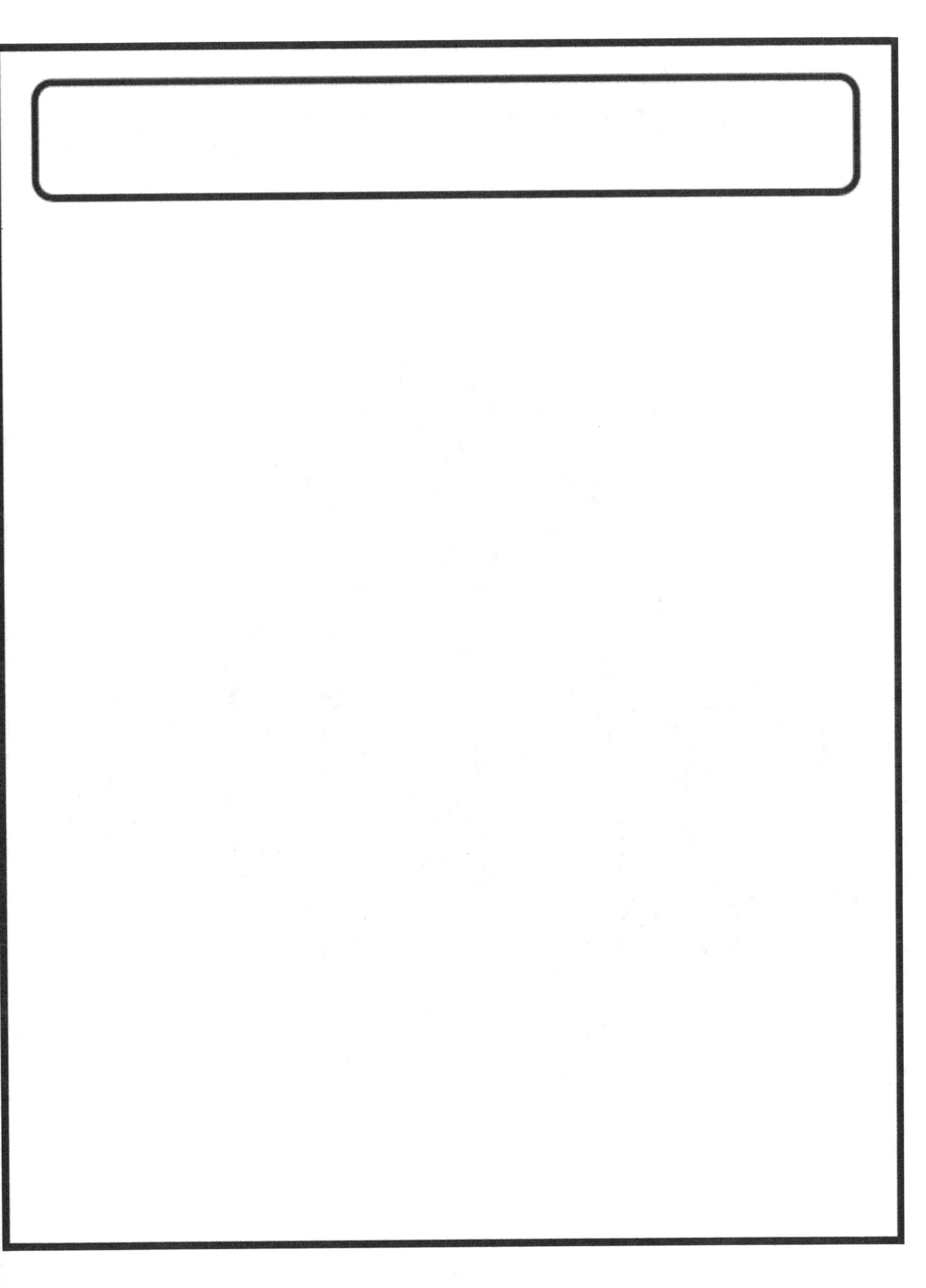

TESCHI DI ZUCCHERO LIBRO DA COLORARE

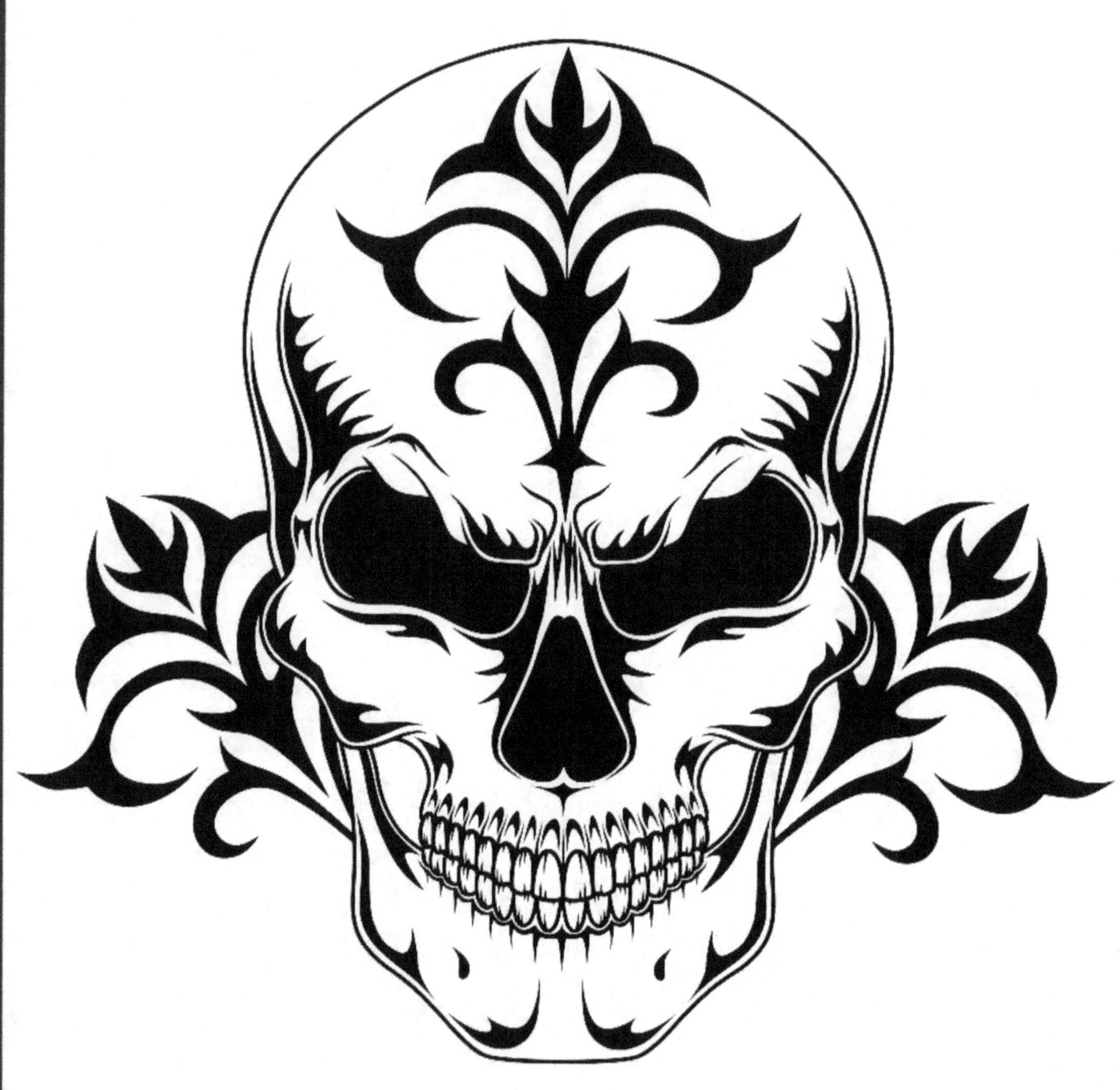

TESCHI DI ZUCCHERO LIBRO DA COLORARE

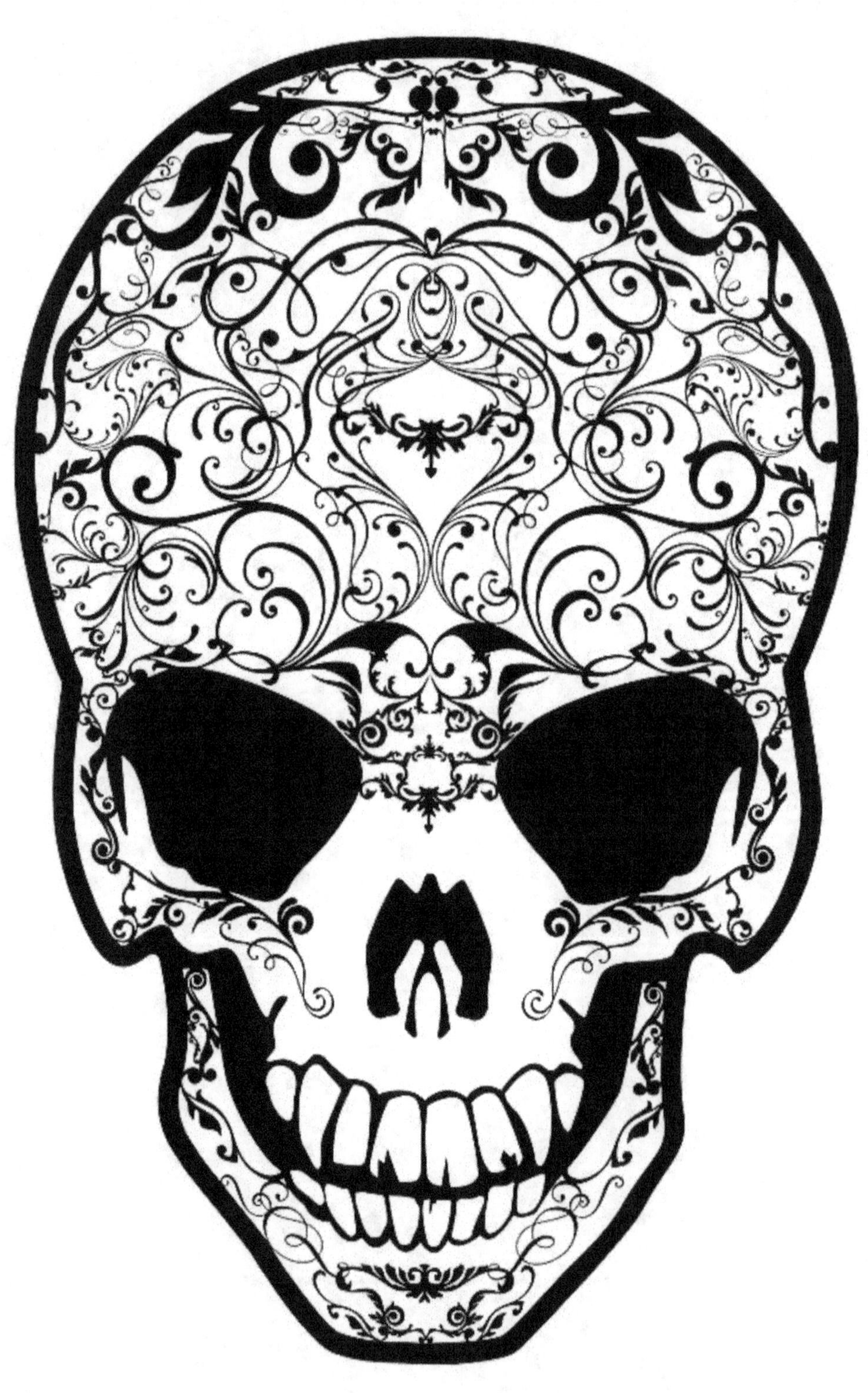

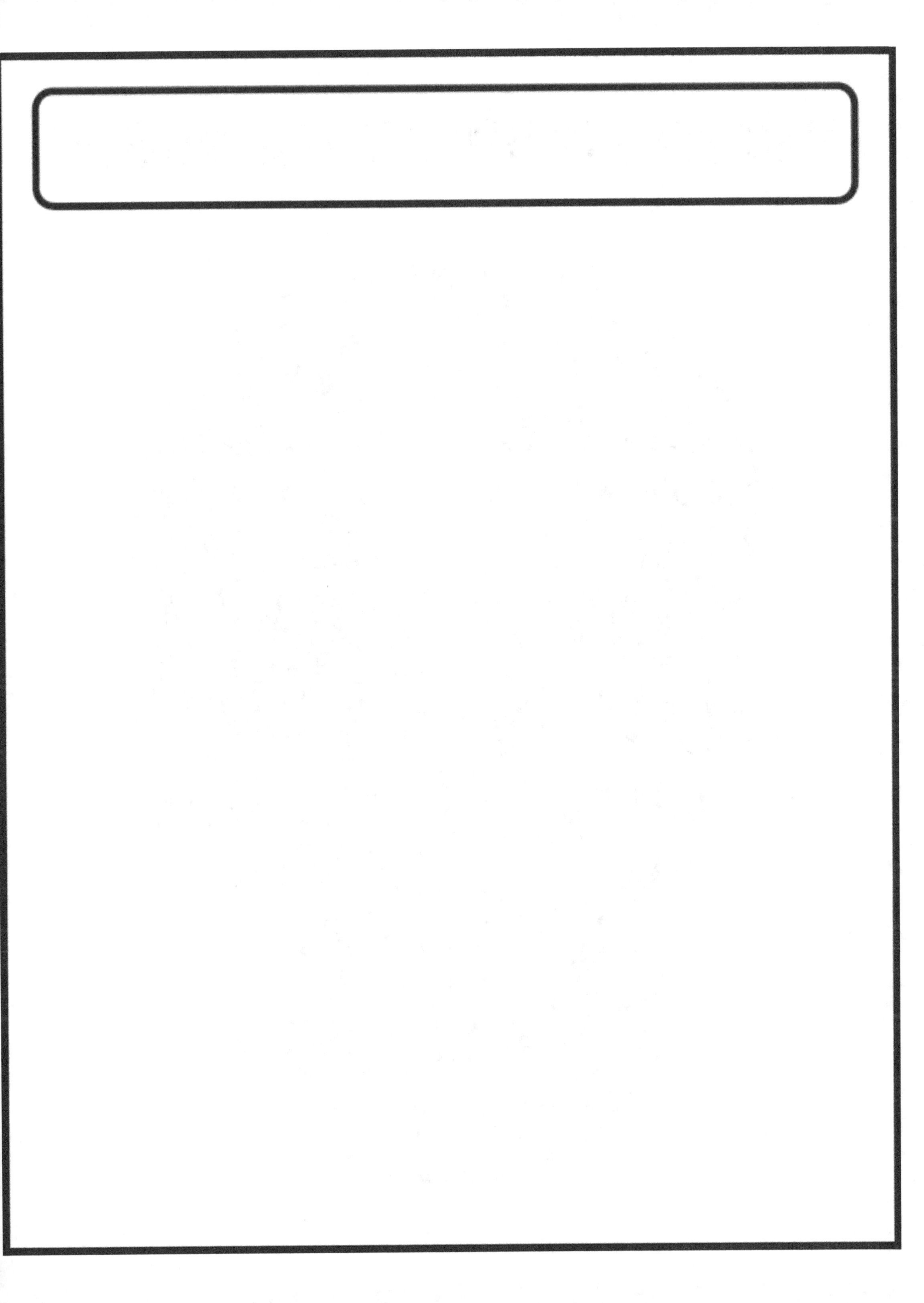

TESCHI DI ZUCCHERO LIBRO DA COLORARE

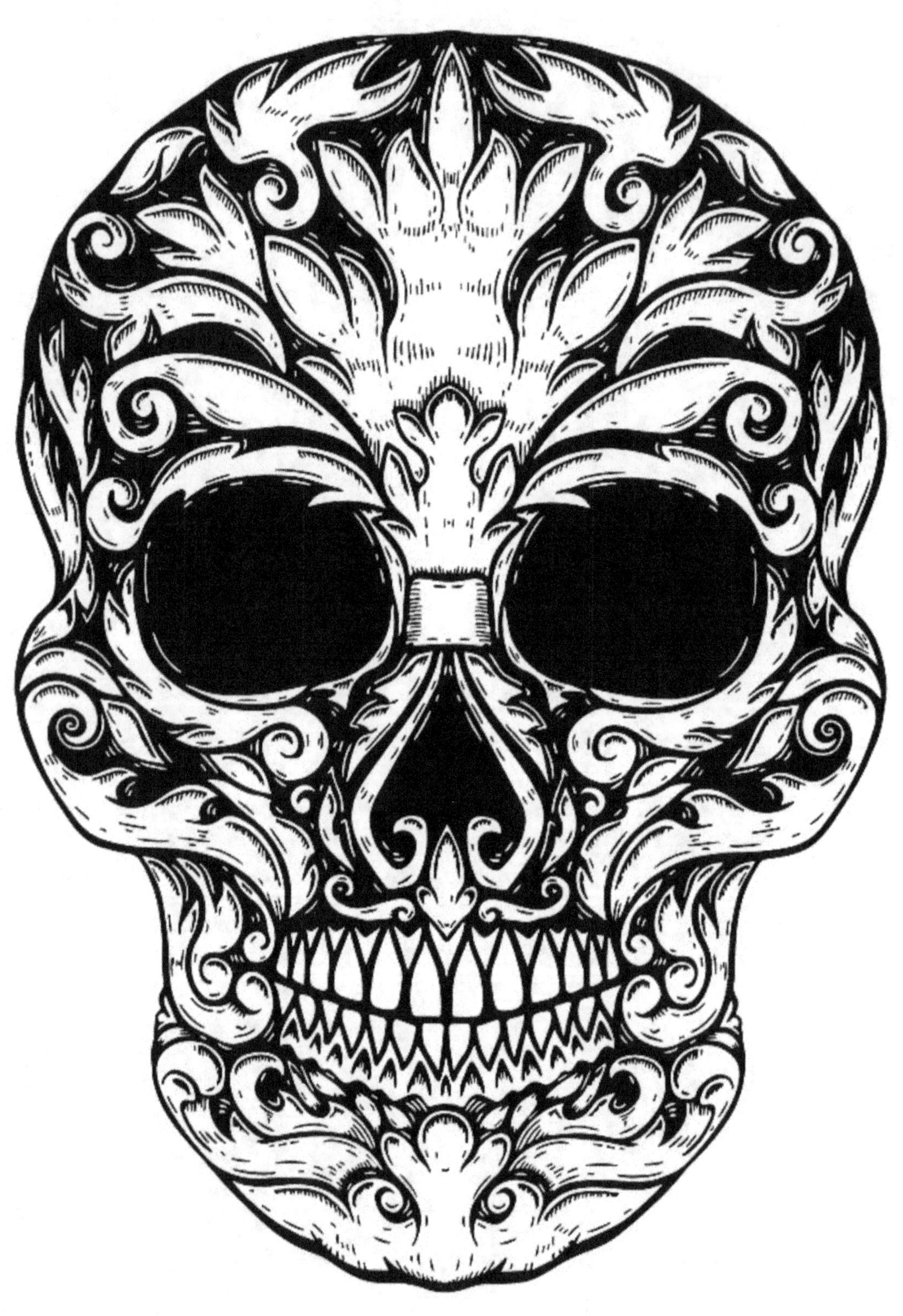

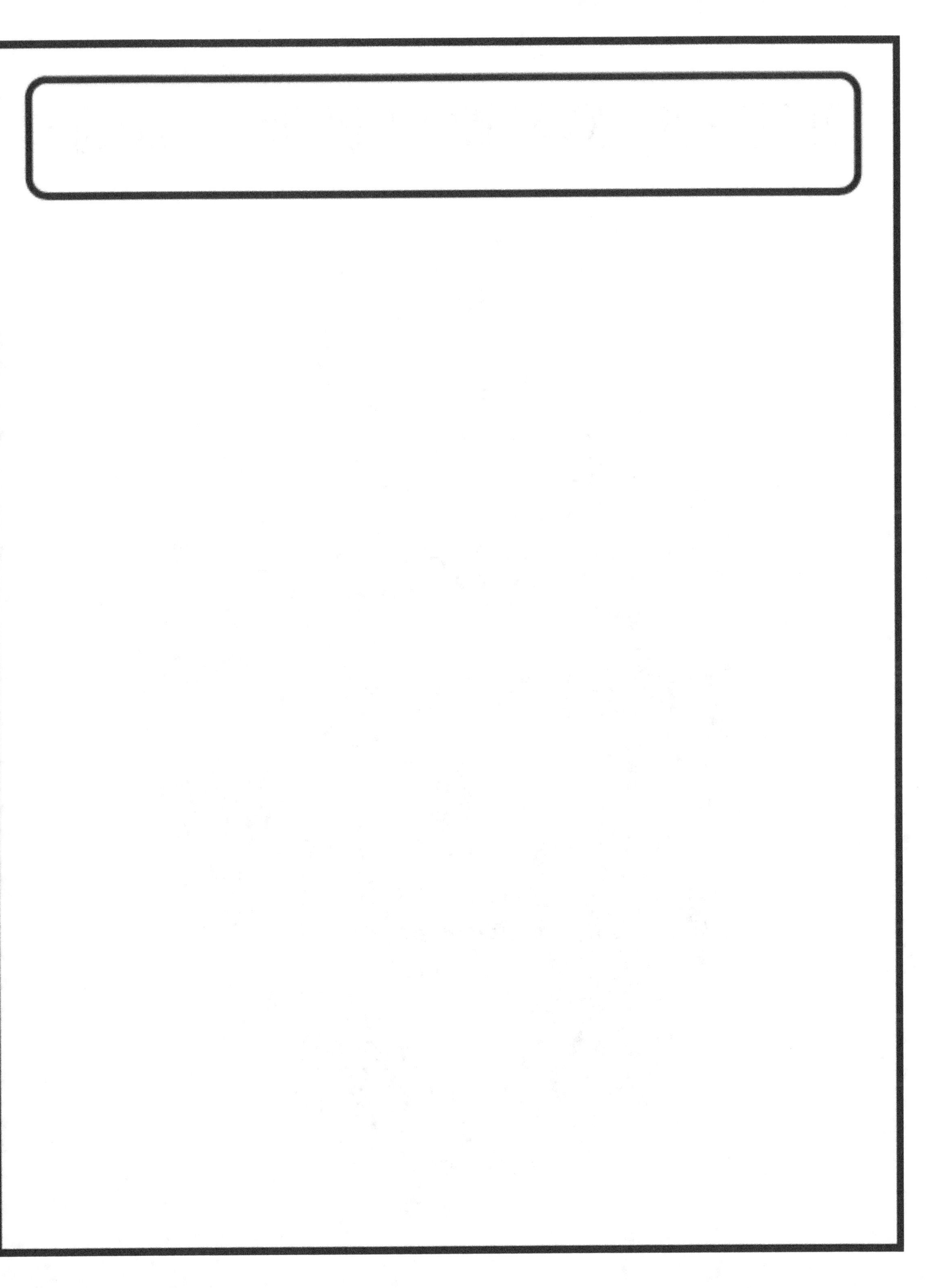

TESCHI DI ZUCCHERO LIBRO DA COLORARE

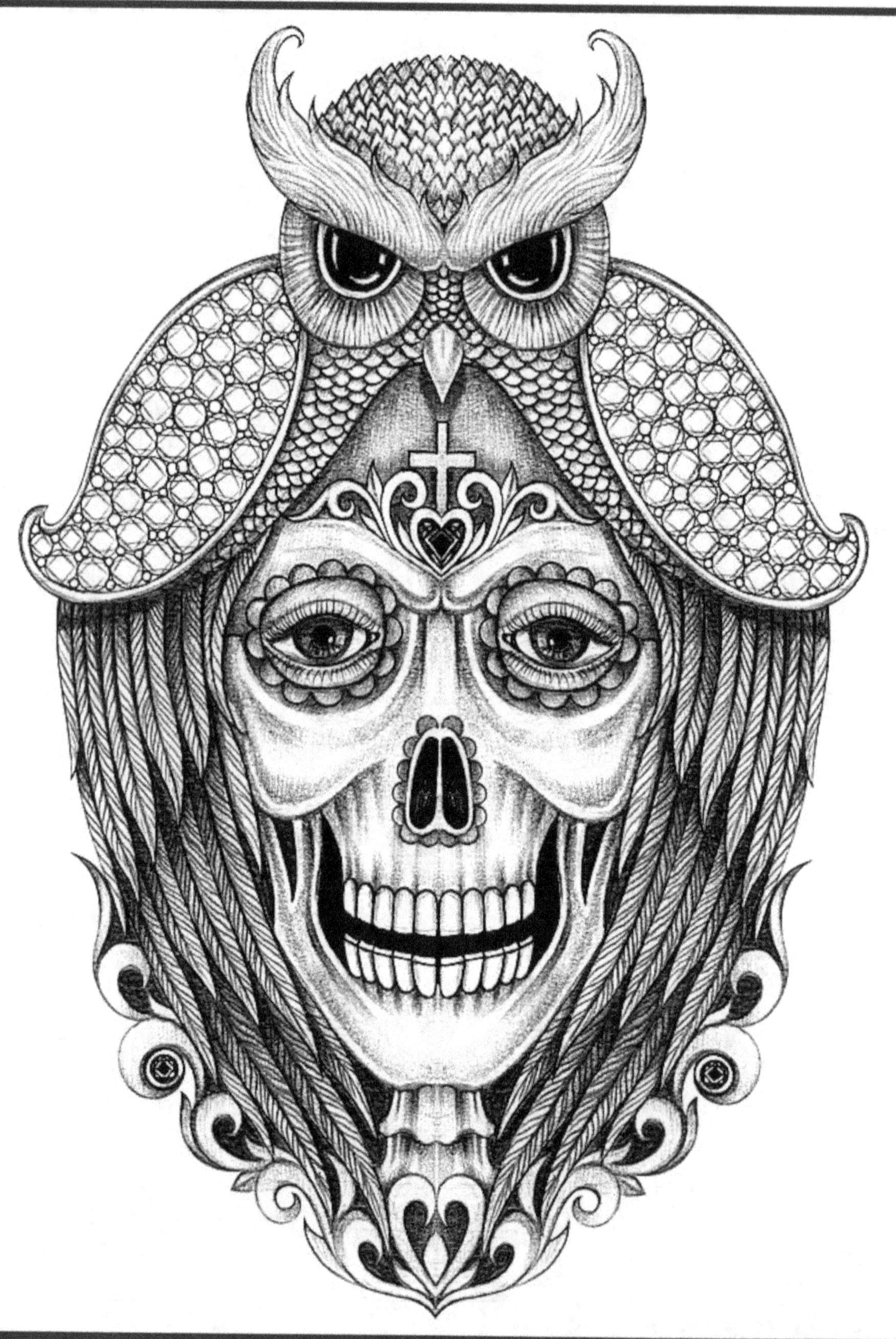

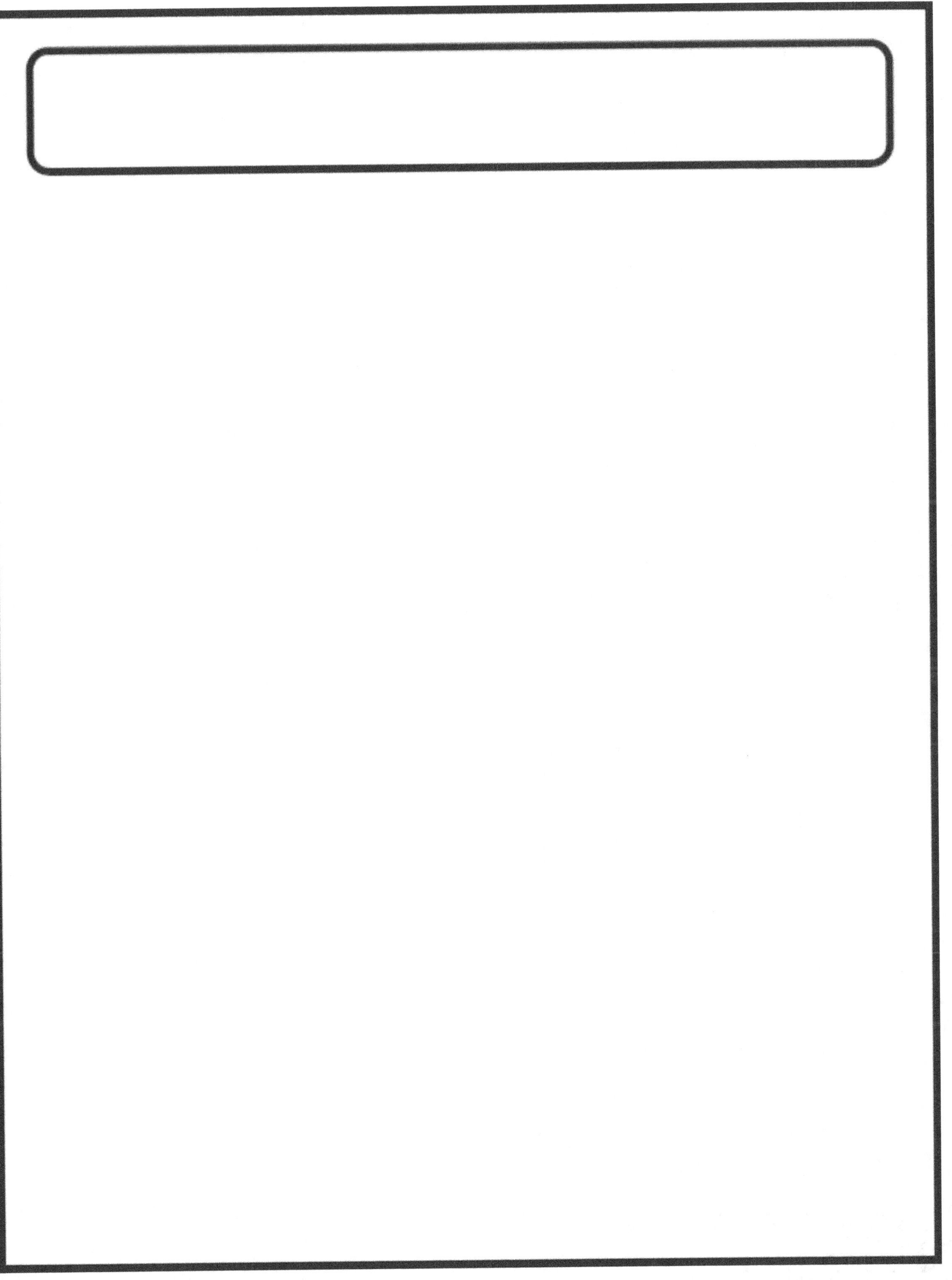